安徽历史名人传记丛书

曹操传

吴怀东
赵立春 ◎ 著

全国百佳图书出版单位

时代出版传媒股份有限公司

安徽人民出版社

图书在版编目(CIP)数据

曹操传 / 吴怀东，赵立春著.—合肥 :安徽人民出版社，2019.11
(安徽历史名人传记丛书)

ISBN 978 - 7 - 212 - 10277 - 7

Ⅰ.① 曹…　Ⅱ.①吴…　②赵…　Ⅲ.①曹操(155—220)—传记
Ⅳ.①K827＝342

中国版本图书馆 CIP 数据核字(2018)第 240636 号

安徽历史名人传记丛书　曹操传

吴怀东　赵立春　著

出 版 人:徐　敏　　　　　　责任印制:董　亮
责任编辑:肖　琴　　　　　　装帧设计:张诚鑫

出版发行:时代出版传媒股份有限公司 http://www.press-mart.com
　　　　安徽人民出版社 http://www.ahpeople.com
地　　址:合肥市政务文化新区翡翠路 1118 号出版传媒广场八楼　邮编:230071
电　　话:0551—63533258　0551—63533292(传真)
印　　刷:安徽新华印刷股份有限公司

开本:710mm×1010mm　　1/16　　印张:11.75　　字数:120 千
版次:2019 年 11 月第 1 版　　2019 年 11 月第 1 次印刷

ISBN 978 - 7 - 212 - 10277 - 7　　　　定价:32.00 元

总　序

　　安徽是古皖国所在地，康熙六年（1667 年），清廷将原江南省一分为二，设立江苏、安徽两省。省名乃是取所辖府州中安庆、徽州两府的首字而成。安庆和徽州，在当时是省域内两大名府，一为桐城文派发祥地，一为"贾而好儒"的徽商故里，人文蔚盛，科举取士在全国均名列前茅。虽然安徽建省较晚，但这块土地上所形成的历史文化十分厚重，有"人文渊薮"之称。

　　安徽因历史原因和地形、地貌各具特色，形成淮河文化、皖江文化和徽州文化等三大文化圈。淮河跨河南、安徽、江苏三省，特殊的地理位置和人文环境，使之融合中原文化、吴楚文化形成了一种具有兼容性和过渡性特点的区域文化，孕育出了中华文化奠基人的老子、庄子、管子等先哲，以及"三曹父子"等文学艺术的巨擘。皖江区域文化源远流长，大量人类古文明遗址如繁昌"人字洞"、和县猿人、含山凌家滩遗址等分布在这一地区；另外，诞生于该地区的桐城派是清代最大的散文流派，其流布全国、影响百年。徽州文化立足于徽州特殊的自然、社会环境和经济基础与人文风俗。魏晋之后，随着中国经济、文化重心的南移，中原文化也随之南下，徽州便成为安徽文化最发达地区，也是此后我国学术文化的重镇。

　　党的十八大以来，习近平总书记在多种场合一再强调中国优秀传统文化的重要作用，在参观考察孔府、孔子研究院并同专家学者座谈时，强调构筑主流价值观和国家精神对于实现中国梦的重要战略意义，而构筑主流价值观和国家精神的重要基础，就是继承弘扬中国优秀传统文化。在漫长的历史进程中，中华民族积累了丰富的治国理政的经验和为人处世、修身养性之道，并以浓缩的形式集中体现在文学、历史、哲学等经典之中，这是领导干部执政值得借鉴的宝贵经验，也是广大干部群众和青少年读者接受传统文化熏陶的基本途径。

源远流长、底蕴深厚、丰富灿烂的安徽文化是中华文化的重要组成部分，作为文化资源丰富的大省，安徽发展潜力巨大。2016 年10 月 18 日，时任省委副书记、代省长李国英在专题听取省新闻出版广播影视工作汇报时便指出，要深入谋划、积极打造新闻出版广播影视精品工程，大力弘扬安徽红色文化、优秀历史文化和地域特色文化，并提出了建设徽文化、红色文化、遗产文化"三大出版工程"的要求。为贯彻、落实中共中央办公厅、国务院办公厅《关于实施中华优秀传统文化传承发展工程的意见》精神，进一步增强文化自觉和文化自信，激发中华优秀传统文化的生机与活力，全面提升人民群众文化素养，加快建设文化强省，2017 年 8 月，安徽省也制定了《实施中华优秀传统文化传承发展工程的工作方案》，要求站在中华优秀传统文化的大格局下，紧紧围绕"安徽历史文化"这条主线，全面研究和梳理安徽优秀传统文化的思想精髓、核心要义、重要地位和独特风貌。这对于加强安徽优秀传统文化的深入研究、生动阐释、传承弘扬具有十分重要的历史和现实意义。

在历史文化长河中，安徽出现了一大批令人高山仰止的历史名人，涌现了一大批可歌可泣的英雄人物，他们为中华民族发展进步做出了重要贡献。以清代为例：过去默默无闻的桐城竟搅动了一个中国，奇迹般地诞生出一个主导天下文章二百年的学派，出现了戴名世、方苞、刘大櫆、姚鼐、姚莹等在全国有重大影响的人物；五四时期，安徽文化再次放射出异彩，胡适、陈独秀等引领了时代发展的潮流。创作出版"安徽历史名人传记丛书"，从安徽历代名人中遴选出100位对中华民族做出重要贡献的人物，为他们树碑立传，系统地记录他们的人生轨迹与文化成就，这在安徽历史上尚属首次。

"安徽历史名人传记丛书"的出版，一方面，有利于汇聚各地专家学者参加安徽省的文化建设，适应了建设创新型文化强省的现实需求；另一方面，可从一个侧面系统呈现安徽发展脉络，展示安徽悠久、深厚、丰富的人文底蕴和文明成就，对提升安徽在全国的影响力和国际知名度具有重要意义，对提升安徽人民的文化素质、道德风尚、精神境界，进一步激发建设"五大发展"美好安徽的自豪感和自信心具有重要意义。

周晓光

2019 年 10 月

前　言

在中国历史上，还没有哪位历史人物像曹操那样从生前到死后、从古到今给后人留下这样丰富的多元理解。明代学者钟惺早就指出曹操"功首罪魁非两人，遗臭流芳本一身"，英雄与奸雄、能臣与奸臣、政治家与权谋家、机智与奸诈、以法治军与通脱做人等双重性或两面性，集中于一身。

曹操戎马一生，济世匡乱，统一北方，对救济苍生起到不可磨灭的历史作用，同时，"托名汉相、其实汉贼"，也几乎成为洗脱不了的罪名。

曹操重视人才，爱惜人才，不拘一格重用人才，但是，这些人一旦忤逆曹操的心意，他弃贤才如敝屣，甚至杀之而后快。

曹操机智勇敢，变化无方，赏罚得当，治军严明，是一个出色的政治家、军事家，同时，又性好猜忌，奸诈、阴险。

曹操尊重儒学，建学校，行教化，雄谋与文心为后人所共赏。其诗气韵沉雄，慷慨悲凉，开创"建安风骨"美学风范；其文自然真切，真挚动人，肝胆皆有通脱之气。

然而，"古人作事无巨细，寂寞豪华皆有意"，曹操爱好音乐，痴迷书法，贪恋美色，分香卖履，又显得俗不可耐，与普通人并无二致。

曹操后来还穿越历史，走进街巷，走上舞台，在戏曲小说中被更加文学化、戏剧化、小说化，在大众口中，总有说不完的"曹操故事"。

本书立足原始史料，力图接近或还原那个在汉末风云变幻的历史大舞台上纵横捭阖的历史人物曹操的一生行迹。作为历史人物，曹操的一生行迹具有突出的丰富性、复杂性、两面性，他既是盖世的英雄，也难以免俗，谲诈、嗜杀、好色……而这些是这个历史人物独特魅力之所在。

曹操
传

目　录

第一章　初出茅庐

一、不羁性格

关于曹操的祖先来源有三说：一是黄帝之后。王沈《魏书》记载：曹操的祖先来源于黄帝，到了高阳氏的时候，陆终（高阳的曾孙）的儿子名字为安，为曹姓。周武王灭商，封安的后代曹侠于邾（故址在今山东省邹城市）。春秋时，邾国曾积极参与盟会诸侯，战国时被楚所灭，其子孙到处漂泊，其中有一支安居于沛。汉高祖的重要功臣平阳侯曹参乃是这一支的后裔，《三国志》因此记载说曹操是曹参的后代。二是姬姓之后。武王姬发封其弟振铎在曹国，故后人以曹为姓。曹植在《武帝诔》中自我夸耀道："于穆我王，胄稷胤周。贤圣是绍，元懿允休。"意思是曹氏继承周而来。三说是虞舜之后。《三国志》又记载，魏明帝曹叡下诏："曹氏系世，出自有虞氏。今祀圜丘，以始祖帝舜配。"

由于曹氏家祖溯源太远，后人莫衷一是，然而，曹操以上四代的故事倒是有迹可循。曹操曾祖父曹节以仁厚著称。曹节有四子，依次为伯兴、仲兴、叔兴、季兴，季兴即为曹操的祖父曹腾。东汉安帝时曹腾入宫为宦官，邓太后看中曹腾温顺而谨慎，故选他陪在东宫读书。由于曹腾为人恭谨，很受太子的喜爱。顺帝即位后，曹腾升任中常侍。顺帝死后，冲帝、质帝先后以幼即位。

东汉开国之帝刘秀巩固皇权手段之一就是皇室与功臣、名将联姻，故东汉皇后大都出自窦融、邓禹、马援、梁统等这些开国功臣之第，这样也容易导致外戚乱政。东汉后期朝政不稳的一个重要因素就是外戚尾大不掉。由于这些外戚的权谋、智慧和影响力，久而久之形成了一种侵蚀皇权的强大外戚势力集团。如果皇帝英明强悍，他们尚能克制私心，一旦皇帝羸弱，则难以抑制。由于皇子与外戚有着千丝万缕的血缘关系，一旦皇帝驾崩，朝政中最核心的天子废立就逐渐被外戚所操控。

自东汉王朝第四个皇帝和帝起，外戚专权就愈演愈烈。曹腾发迹，也与他参与外戚梁冀迎立桓帝决策密不可分。顺帝死，梁皇后无子，选地位低微的美人虞氏所生两岁孩童刘炳继承大统，史称汉冲帝。梁皇后为皇太后，临朝听政，而梁皇后兄梁冀自然独揽大权，史书称梁冀"佟暴滋甚"。冲帝在位五个月就不幸夭折了，清河王刘蒜和渤海孝王刘鸿的儿子刘缵都被召回京师，准备作为下任天子的候选人，二选一。为了避免冲帝时外戚利用皇帝幼弱以控制朝政的局面重演，太尉李固极力主张立性格稳重、言行举止合乎礼节的清河王刘蒜为帝，而梁冀想故伎重演，执意立刘缵为皇帝，因为当时刘缵年仅八岁，易于控制。李固等人尽管极力反对，无奈没有决定权，由梁太后主使，最终如梁冀所愿，刘缵被立为帝，史称汉质帝。

质帝被立后，梁太后仍然以皇太后的身份临朝听政，梁冀视小皇帝如无物，朝政大权还是由梁冀所控制。经历两个皇帝，朝政仍然在梁冀手柄之中，于是梁冀更加骄横，无所不为。李固等正直大臣纷纷上书弹劾梁冀恶行，结果遭到梁冀的无情打压。

汉质帝年龄虽小，但是对梁冀的为非作歹极为不满。由于年少还不谙世事，在朝廷之上有一次质帝目视着梁冀对众臣说："跋扈将军！"质帝的话令梁冀大惊失色，惶恐退出。退朝之后，梁冀思忖道："质帝年少时对我尚且如此，长大之后岂能容我？必须除之而后快！"于是，梁冀让亲信把毒药放在煮熟的饼中，质帝吃了后疼痛难忍，聪明的质帝立即催人赶快通知李固紧急进宫。李固急忙赶到，看到质帝痛苦异常，就问："陛下究竟得了什么病？这病如何造成的？"旁边的侍从、御医都噤若寒蝉，没有人敢说出真相。看无人回答，质帝挣扎着说："我刚刚吃了煮饼后，肚子就立即痛起来，现在我想喝点水，也许还能活命。"为了毒计成功，梁冀也早早不请自来，阴鸷地说："不能给水喝，喝了水就会呕吐，那样更能让天子容易失去性命，谁敢取水？"顷刻之间，质帝命绝。李固伏尸痛哭，上书弹劾陪侍的御医。梁冀怕计谋败露，对李固弹劾御医不予理睬。

质帝死后，为了阻止梁冀再次控制天子人选，李固与司徒胡广、司空赵戒向梁冀联名写信，大意说大汉接连失去三位皇帝，可谓天下不幸，然而，目前最紧急的事情是要尽快立新天子，这是国家大事，关系到国家兴衰，即使太后、梁将军考虑得非常周全，要想选择圣明之主就必须广泛征求群臣的意见，不能再像以前那样乾纲独断。面对舆论的压力，梁冀不得不召集三公、王侯、二千石以上的大臣来商议确定天子。李固、胡广、赵戒以及大鸿胪杜乔，都认为清河王刘蒜贤明有礼，品行端正，在皇室后裔中又是地位最高、血统最近，应该立刘蒜为新的天子。可是，梁冀准备把妹妹嫁给十五岁的蠡吾侯刘志，有了这层关系，梁太后和梁冀理想的帝位继承人当然是刘志,刘志比刘蒜更容易控制。然而,群臣多数赞成立刘蒜为帝,梁冀虽然内心不快,但一时还难以找理由拒绝。

正当梁冀苦无良方的时候,作为一个政治投机者,长时间对朝廷政治斗争洞晓明了的曹腾,深知掌握大权的梁冀最终仍然会是此次政治斗争胜利的一方。他深夜造访梁府,向梁冀进言说:"将军您几代都与皇室联姻,长期大权在握,宾客如云,难免会有人依靠您的权势做出差错之事。清河王性格刚直公正,倘若他做了皇帝,那么将军就等于大祸临头。刘志做皇帝,梁家富贵才能长盛不衰!"立谁为帝对梁家孰好孰坏,梁冀自然心知肚明,只不过梁冀对天下清流的李固一方十分顾忌,然而,有了曹腾的进言,梁冀决心不再犹豫,决定用权力护驾,强行立刘志为帝。

第二天,重新朝议新天子人选,梁冀表现不同往日,气势咄咄逼人,言辞强硬,他说:"只有刘志才能使大汉重新兴盛,天命如此,无须再议。"梁冀打算一旦还有人不听从命令,就大开杀戒。畏于强权,多数朝臣被梁冀的气焰所震慑,不敢再议,低下头来唯唯诺诺地说:"唯大将军命令是从!"只有李固、杜乔大义凛然,毫不畏惧梁冀的恐吓,仍坚持已见。李固、杜乔乃天下名士,梁冀也怕杀掉他们会遭到天下非议。

为了进一步排除李固的阻挠,梁冀与梁太后商议,以皇太后的名义免去李固的太尉职务,剥夺了李固的朝议权,这样再次朝议刘志自然被立为帝。在经历一番激烈斗争后,刘志终于在梁冀的呵护下登基,史称汉桓帝。汉桓帝能够继位,曹腾起到推动作用,所以,曹腾因定策有功,被封为费亭侯,升任大长秋,加位特进。

曹腾入宫三十多年,服侍四位皇帝,见惯了太多的宫廷风雨,他在政治上除向梁冀献策有自保之嫌外，作为常侍，在乱世中总体并未惹来多少非议，实属不易。曹腾善于向朝廷举荐人才，经过他所推荐的人才事后证明都是天下不可多得的人士，如陈留虞放、边韶，南阳延固、张温，弘农张奂，颍川堂溪、赵典等。曹腾心胸坦荡，蜀郡太守曾经托人送礼物贿赂曹腾，益州刺史种暠在斜谷附近查获巴结曹腾的书信，上书朝廷弹劾曹腾，要求朝廷治曹腾之罪。桓帝了解这个书信是由宫外传向宫内，曹腾并不知情，就没有问罪曹腾。种暠弹劾自己，曹腾对此并不计较，还不停向外人称赞种暠是个难得的正直官吏。种暠后来官至司徒，他常常对别人说："我之所以现在位居三公，那都是因为曹常侍对我的恩泽，不然我无法达到这个地位。"

曹腾死后，养子曹嵩继承其爵位。史料记载，曹嵩的身世颇为迷离，《三国志》说"莫能审其生出本末"，意思是具体不清楚他的身世来历。"建安七子"之一的陈琳曾经替袁绍写《为袁绍檄豫州文》说"（曹操）父嵩乞丐携养"。当然政治檄文之言有时并不可信。南朝刘宋时期历史学家裴松之注《三国志》，引用了三国时吴国人写的《曹瞒传》的说法，该书说曹嵩本姓夏侯。无论何种来历，在桓帝末年，曹嵩凭借曹腾的特殊政治影响力官拜司隶校尉；灵帝即位后，官拜大鸿胪、大司农，掌管国家财政、礼仪，位列九卿，位高权重。实际上，曹嵩的能力和威望与其养父曹腾还相差甚远，但是，因权导利的能力胜过曹腾，这样，经过几代积累，曹家也成为富足之家。

永寿元年（155 年），曹嵩非常高兴，因为夫人丁氏刚刚为他添一个男丁，儿子的出生预示着一个新的希望。曹嵩给此子取了个吉祥的名字，名操，一名吉利，字孟德，小字阿瞒。曹嵩自己也许不知道，这个刚出生并不起眼的孩子将对中国未来的历史和社会产生深远的影响。就在这一年，孔融三岁，蔡邕二十四岁，大学问家郑玄二十四岁，这些人或多或少地在未来的社会活动中都与曹操发生交集。

少年曹操的成长时期正处大汉帝国的日薄西山之际：天灾不断，农民起义此起彼伏，最高统治层内部争权夺利进入白热化。汉桓帝刘志在位二十一年，前十三年基本是一个傀儡皇帝，名义上是梁太后临朝听政，实际上是梁冀把持朝政。尽管梁太后曾经在和平元年（150年）下诏归政，但梁冀专横不听。桓帝靠梁冀才得以登上帝位，所以他对梁冀不得不暂时恭顺。于是，梁冀在桓帝即位后，权力达到极致。李固、杜乔始终是梁冀的眼中钉，于是梁冀让梁太后先是罢免太尉杜乔，继而又罗织罪名诛杀了李固和杜乔。

桓帝也对梁冀委以朝中大权，规定他可以行使特权，"入朝不趋，剑履上殿，谒赞不名"，又增封其食邑为四县，赏赐金钱、奴婢、彩帛、车马无数。梁冀一家先先后后有封侯七人，皇后三人，贵人六人，大将军两人，其他官至卿、将、尹、校的共有五十七人。梁冀的儿子梁胤年十六，形貌丑陋，无德无才，梁冀却让人推荐梁胤为河南尹。梁胤经常衣冠不整，官袍、官帽都穿戴不好，看见的人无不窃笑。梁冀妻子孙寿，史书记载她"色美而善为妖态，作愁眉，啼妆，堕马髻，折腰步，龋齿笑，以为媚惑"。"愁眉"，是指眉毛化成眉尖上翘，眉梢下撇，带有愁苦之状；"啼妆"，就是在眼睑下化淡淡泪痕，看起来就像刚刚哭过的样子；"堕马髻"，是有意把发髻偏斜，总感觉好像要坠落的样子；"龋齿笑"，就是笑起来像牙疼，龇牙咧嘴地笑；而"折腰步"，就是走路时使劲摆动腰肢，似乎要折断的样子。可是，

曹操
传

这种化妆竟然引起当时女性纷纷模仿，时人见之认为有"亡国之相"。梁冀专横残暴，朝中政事全由他决定；百官任免，都必须先到梁冀那里去谢恩，然后才能办理手续；各郡县贡品，也要先送给梁府，然后再献给皇帝。梁冀"威行内外，百僚侧目，莫敢违命"。物壮则老，梁冀鼎盛至极也就意味着梁冀家族灭亡的到来。

年幼的桓帝长大后，要从外戚手中夺回自己的权力，大臣基本是太后掌控的人，当然不可靠，他周围能依赖的人只有宦官。延熹二年（159 年），曹操五岁，梁太后去世，桓帝解脱了梁太后的掣肘，他不再隐忍，决定对梁冀动手，策划如何诛灭梁氏。一次桓帝如厕，单独叫来宦官唐衡，问他宦官中有谁和梁冀不和，唐衡回答说有单超、左悺、徐璜和具瑗四人。桓帝于是与他们五人歃血为盟，决定诛杀梁冀：让尚书令尹勋持节率兵守卫宫廷，令黄门令具瑗与司隶校尉张彪一起带兵逮捕梁冀。桓帝精心策划，整个行动进展顺利，最终梁冀发现大势已去，当日与夫人孙寿一起自杀，梁、孙家族其他成员全被诛杀。因梁冀受牵连者的公卿大臣几十人，依附梁冀的官吏被罢免者有三百多人，朝堂为之几乎一空。梁冀死后，百姓无不欢欣鼓舞，拍手称庆。

在桓帝诛灭梁冀的过程中，宦官单超、左悺、徐璜、具瑗、唐衡五人因为有功，同一天被封侯，世称"五侯"，其中单超功劳最大，故被任命为车骑将军，位同三公。可是，宦官一旦掌权，除贪污和弄权外，表现比外戚还要恶劣，五侯"辜较百姓，与盗贼无异"。东汉由外戚乱政进入宦官乱政时代。宦官胡乱非为，使得朝廷"中外服从，上下屏气"，以至于当时民谚说："左回天，具独坐；徐卧虎，唐两堕。"宦官们争盖宅府，动辄耗资千金，壮丽极致；其宗族姬妾，华丽妖艳可比宫中；随从如云，皆华车骏马。有的宦官等同俗人，到处以他姓为嗣，买孩为子。其兄弟亲戚也大部分委任高官，如单超弟单安为河东太守，单超侄单匡为济阴太守，徐璜哥徐盛为河内太守，具瑗哥具恭为沛相等，这些人称霸一方，为非作歹，鱼肉百姓。

民不堪命，必然导致百姓起义此起彼伏。延熹三年（160年）七月，长沙发生农民起义；九月，泰山、琅琊爆发农民起义；十一月，泰山再次爆发农民起义；延熹四年（161年），南阳发生农民起义；延熹五年（162年），长沙、零陵、艾县、武陵又爆发农民起义。起义的规模越来越大，人数越来越多。虽然这些起义最终都被镇压下去，然而，丧失人心的东汉帝国大厦之倾覆不可避免，指日可待。

在乱世中成长的曹操风姿特异，孙盛在《魏氏春秋》中形容曹操"姿貌短小，而神明英发"。曹操小小年纪就表现出机警、勇敢、善变的思想性格。刘昭《幼童传》记载：曹操十岁时经常在涡水游泳，一次曹操在水中突遇到一条水蛟，年少的曹操毫不畏惧，与之搏斗，水蛟最后知难而退。回到家后，曹操表现出与年龄不相称的沉稳。一次他看到别人遇到蛇吓得惊慌失措，大笑不已："一条蛇就把你们吓成这样？我前几天都能在水中把一条蛟龙降服！"大家对曹操敬佩不已。

虽然曹操机警有智谋，但是，他整天"任侠放荡、不治行业"，难免令家中长辈担心。曹操的叔父经常提醒曹嵩，要对曹操多加约束。一日曹操碰见叔父，突然嘴歪眼斜、口吐白沫。叔父怀疑曹操"中风"，不敢大意，马上告诉了曹嵩。曹嵩赶来，却见曹操面貌如故，于是就问："你叔叔说你中风了，怎么回事？"曹操说："叔父平常不喜欢我，故意捏造的吧？"曹嵩从此就对弟弟的话不太相信。"少好谲诈"的曹操用计蒙骗了父辈,从此更加无拘无束、肆意妄为。《世说新语》记载:曹操年少时与袁绍是好友,有一次二人看到人家办婚事,就偷偷潜入院中搞恶作剧。夜里,曹操突然大叫"有小偷",该户人家全部跑出来,曹操趁机挟持新娘子与袁绍一起外逃。由于慌不择路,袁绍掉进荆棘丛中,后面人追得紧急,情势十分危急。曹操大喊:"小偷在此!"袁绍情急之下便不顾一切跳出来。由此可见,少年曹操便能轻易操纵袁绍的命运。

曹操虽肆意妄为,在大事上却不糊涂,他胸怀大志,关注国家社稷。其胆略过人,行刺张让就能可见一斑。孙盛《异同杂语》记载,当时宦官权势熏天,其中尤以张让为最,他祸乱朝纲,为世人所不齿。曹操决定为国除贼,于是,潜入张让的府邸,准备行刺张让为国除奸,结果被张让发觉。曹操毫不畏惧,挥舞手戟,勇猛异常,且战且退,纵身逾墙而出,飘然而去。曹操这种过人的胆识和谋略随着年龄的增长越发明显。

二、名流赞誉

少年曹操的特质在当时也引起周边名流的注意。在东汉,选拔官员实行察举制,就是由地方的中正官在辖区内进行考察、发现人才并推荐给上级直至朝廷,通过朝廷考核试用再进行任命,因此,要想得到中正官的关注就必须获得一定的名声。而获得声誉的重要途径就是得到社会名流的品鉴,一旦能得到社会名流的赞誉,往往会起到事半功倍的效果。《三国志·曹操传》记载:"惟梁国乔玄、南阳何颙异焉。"何颙,南阳襄乡(今湖北省襄阳市)名士。何颙初见曹操,就感慨地说:"汉朝即将灭亡,将来能够安定天下的一定是这个人!"

乔玄,梁国睢阳县(今河南省商丘市睢阳区)人。乔玄家族世代为官。乔玄七世祖乔仁,从西汉大学问家戴德求学,著作《礼记章句》四十九篇,时人称乔君学;乔玄祖父乔基,曾任广陵太守;乔玄父亲乔肃,为东莱太守。乔玄年轻时为县功曹,当时豫州刺史周景巡察到梁国,乔玄拜见周景,历数陈相羊昌所犯的恶行,请求周景任命自己为陈国从事,来彻查羊昌的罪行,周景同意了他的请求。

乔玄到任后,立即调查、核实羊昌所犯罪行。羊昌于是向梁冀求救,梁冀快马传信,命令周景召回乔玄。乔玄最后还是把羊昌押解进京,此事让乔玄一夜之间声名鹊起。太中大夫盖升仗侍灵帝的宠信,担任南阳太守时贪污几亿。乔玄上奏灵帝,要求罢免盖升。灵帝不仅不同意,反而打算提拔盖升。乔玄于是托病辞职。光和元年(178年),鉴于乔玄是天下清流,朝廷任命乔玄为太尉。乔玄幼子曾被人劫持,让乔玄拿钱赎人,乔玄不答应。司隶校尉阳球围住劫匪,但投鼠忌器,乔玄说:"岂能因犬子而让罪犯逃出法网!"于是下令进攻劫匪,乔玄儿子因此被杀。此事后,乔玄请求皇帝:"劫持人质者一律杀掉,不能答应劫匪任何要求,否则会让他们感觉到有机可乘。"

曹操是名不见经传的年轻人,他去拜见乔玄,乔玄简单接谈后,对曹操大为赞赏,说:"如今天下即将大乱,只有真正的超世之杰才能安定天下,你就是这样的人! 我将老,家人就托付给你了。"曹操常常感叹乔玄才是他贫贱时候的知己。为了帮助曹操进一步扩大影响力,乔玄还建议曹操拜见当时一位更有名的人许劭,说:"你应该去结交许劭。如果你能得到他的引荐，将来一定会获得更大的名声。"

许劭，是出生于名人汇集的汝南平舆（今河南平舆县射桥镇）名士。许劭爱品鉴人物，凭借许劭的品评，许多后进得以名声大噪。东汉朝政混乱不堪，奸邪当道，政治腐败，而许劭为抑恶扬善，创办了一个讲坛，每月初一设计一个主题，针砭时政、论人短长、分辨忠奸善恶，稍有名气的人都在品评之列，后人称之为"月旦评"。由于许劭品鉴客观、准确，大家都很信服，一时四面八方的士人都慕名而来，以得到许劭一评为荣。明代的程登吉在《幼学琼林》中评价说："言辞不爽，谓之金石语；乡党公论，谓之月旦评。"许劭举行月旦评，给朝廷举荐了不少人才，所以天下人称许劭为"拔士者"。

得到乔玄提醒后，曹操就带着厚礼找到许劭。由于曹操身非名门，祖父又是宦官，许劭自然很瞧不起曹操。孙盛《异同杂语》记载了这次拜谒的详细经过：许劭鄙视曹操为人，刚开始对曹操不做任何评论。许劭采取的是拖延战术，希望曹操能知难而退。曹操见许劭始终不愿意开口，请求他无论如何都要做出个评价，评价无论好坏皆可。许劭迫不得已，就说了一句"子治世之能臣，乱世之奸雄"，曹操听到后大笑而去。

《楚国先贤传》记载，南阳名士宗世林"修德雅正，确然不群，征聘不就，闻德而至者如林"，在当时和许劭一样也很有影响力，于是曹操屡屡拜访宗世林。《世说新语》记载，曹操甚至对宗世林"捉手请交"，然而，即使这样，仍被宗世林拒绝。

褒贬不一是时人对曹操的基本立场。而这种复杂性也表现在后代人对曹操的评论中，原因可能就在于曹操言行的两面性或复杂性。

三、牛刀小试

沧海横流方显英雄本色。东汉中后期，宦官集团与外戚集团时常处于对立状态，外戚集团与士大夫阶层则呈现为时而对立、时而联合的关系，而士大夫阶层作为东汉统治阶层的中坚力量，与宦官阶层几乎一直处于尖锐对立的状态。陈寅恪先生在《书世说新语文学类钟会撰四本论始毕条后》一文中说："东汉中晚期，其统治阶级可分为两类人群：一为内廷之阉宦，一为外廷之士大夫。阉宦之出身大抵为非儒家之寒族，所谓'乞匄携养'之类。其详未易考见，暂不置论。主要之士大夫，其出身则大抵为地方豪族，或间以小族。然绝大多数则为儒家之信徒也。"持此以衡，我们就能明白曹操从政道路之特点。

此时东汉宦官当政，朝政日乱，士大夫强烈不满，可是，由于皇帝昏庸，宦官手握权柄，几次斗争最终结局都是士大夫集团失败，他们受到沉重打击，史称党锢之祸。党锢之祸动摇了东汉国本，最终引起黄巾起义。

第一次党锢之祸，发生在延熹九年（166 年）。缘由是宦官赵津、侯览等人故意在朝廷大赦之前犯下恶行，郎中成瑨等正直官员不畏强权，并没有赦免他们，仍然按律处置。宦官于是向桓帝进谗言，说成瑨等不听诏令。桓帝听信宦官的谗言，下令逮捕了这些官员。太尉陈蕃、司空刘茂一起向桓帝进谏，桓帝大怒。看到桓帝生气，刘茂不敢再进言，陈蕃独自继续上言，以汉文帝丞相申屠嘉责问邓通、东汉强项令董宣追劾湖阳公主为例,为受罚的官员们辩解,并要求桓帝清除宦官,阻止他们乱政。

桓帝本对宦官十分感激,自然对陈蕃的建议置之不理。宦官们虽然不敢加害朝廷重臣陈蕃,但对其他正直官员大加报复,对指责他们为非作歹的朝中大臣,纷纷免官,成瑨、刘质等人最终在狱中被杀。当时,襄城(今河南省方城县)人李膺是反对宦官的领袖,他任河南尹时打算处死在大赦前杀人的张成之子,张成乃宦官的党羽,宦官们就让张成儿子在狱中上书桓帝,诬陷李膺,说李膺"养太学游士,交结诸郡生徒,更相驱驰,共为部党,诽讪朝廷"。桓帝诏令天下,逮捕党人,太仆卿杜密、御史中丞陈翔等重臣及陈寔、范滂等天下名士都在通缉之内。太尉陈蕃不愿平署诏书,桓帝见诏书无法下发,直接让宦官负责的北寺狱审理此案,李膺、陈寔、范滂等人慷慨赴狱,宁死不屈。正直之士含冤被捕,引起天下人的抗议,许多人都认为自己没有被名列党人为耻,主动上书要求连坐。陈蕃再度上书劝谏桓帝听从天下民望,桓帝以陈蕃未尽职守为名罢免其太尉职务。

次年(167年),窦皇后的父亲槐里侯窦武上书为党人求情,负责审理此案的宦官王甫也被党人大义所感动,不再对他们动用酷刑。李膺等人在狱中揭发了宦官子弟的种种不法勾当。宦官怕引火上身,就向桓帝上奏说,该到了大赦天下的时候了,即改年号为永康,并大赦天下。党人获得释放,但同时又勒令党人终身不得再入仕。宦官与士人的第一次较量到此才结束,这是第一次党锢之祸。

第二次党锢之祸,是在建宁元年(168年),曹操十四岁。永康元年(167年)十二月,桓帝去世,灵帝即位,窦皇后被尊为皇太后。

窦武因为是窦太后的父亲而被任命为大将军。因为窦武同情党人，在他的帮助下，陈蕃再度被任命为太尉，名士李膺等人也被重新重用，百姓都很高兴，国家即将中兴。

然而，宦官首领王甫等人，在窦太后面前百般诌媚。陈蕃、窦武等人认为，宦官不该干政，于是上书窦太后，要求禁止宦官参政，但窦太后拒绝这个建议。她虽在窦武等人的强烈建议下惩罚了部分为恶的宦官，但对宦官集团仍加保护。面对窦太后的执意不听，窦武、陈蕃决定主动出击。正好此时天有异象，百姓恐慌。窦武等人就解释说，天有异象，原因是皇帝旁边有奸佞。窦武等人做了周密的计划，准备采取行动一举除掉阉宦。宦官们当然十分警觉，由于窦武做事不密，被宦官偷出奏折。了解了窦武的计划后，宦官们决定先发制人。宦官们让灵帝乳母赵娆哄骗灵帝，取得皇帝印玺，进而胁持了窦太后传诏令，准备捕拿窦武、陈蕃等人。陈蕃听到消息，立即率太尉府宾客及太学生几十人前来救驾。此时平叛东羌的名将张奂刚回到洛阳，不明真相地认为窦武发动了叛乱，宦官便假传诏书，让张奂率军进攻窦武、陈蕃等人。窦武、陈蕃等被团团围住，无奈自杀，窦太后被软禁，朝廷再次罢免李膺等人，并宣布禁锢终生。

一批士大夫名臣之死再度引起天下公愤，正义之士冒死护卫党人后裔，党人得以不绝嗣。陈蕃被杀后，暴尸于街头，友人朱震冒着被杀的危险替陈蕃收尸，并将陈蕃的儿子陈逸护送到甘陵。朱震后被人告发，在监狱中受尽各种酷刑。至死不肯透漏陈逸藏身之处，最后陈逸得以逃生。窦武的尸体被其府掾胡腾收葬，胡腾也因此被禁终生不得入仕。两岁的窦武之孙窦辅被胡腾藏匿，得以幸免于难。张奂由于"平叛"功劳被宦官们推举封侯。后来明白真相，张奂悔恨误杀了忠良，不肯拜官，并上书灵帝，要求宦官们释放窦太后，并为窦武、陈蕃等人平反，还向朝廷推荐李膺等党人。灵帝本打算采用张奂的建议，可是受到宦官们阻挠，年幼的灵帝被宦官们蛊惑，张奂最终也被罢官回家，遭终生禁锢。同样为窦武、陈蕃等人鸣冤的其他朝廷官员，要么被削职，要么被杀害。宦官等见窦武、陈蕃、李膺等党人的名望影响实在太大，便向灵帝诬陷党人惑乱朝政，于是灵帝下令惩罚士人一党，结果李膺、范滂等名士百余人被下狱处死。第二次党锢之祸，士人受到打击更大，面积更广，各地陆续被囚禁、杀死、流放的士人有数百人。

党人虽然被镇压，但是他们的影响反而越来越大，得到百姓的同情与呵护。汝南督邮吴导奉诏捉拿范滂，他知道范滂是正直的人，内心非常矛盾和痛苦，以至于到范滂的家乡征羌（今河南省漯河市召陵区）后，在驿舍中恸哭，迟迟不予抓捕。范滂听说后非常感动，说道："一定是因为我的缘故。"于是便自行前往汝南县监狱。汝南县令郭揖听说范滂要自投罗网，便解掉印绶，要带范滂外逃。范滂对他说："只要我死了，此事就可结束，岂敢再连累无辜？"范滂临死前与母亲诀别。范母也是深明大义之人，她对范滂说："我儿为天下捐躯，能与李膺、杜密齐名，死有何憾？"范滂最后就与李膺、杜密等百余党人一起慷慨赴死。

山阳高平（今山东省邹城市）名士张俭，也遭到宦官的追杀，四处逃亡，每当他投宿时，投宿人家都冒着杀身之祸给他留宿。张俭与孔融的兄长孔褒是好友，张俭曾前往投奔孔褒，孔褒不在，当年仅十六岁的孔融在家，张俭认为孔融还是个孩子，就没有把实情告诉孔融。孔融见其困窘，就对张俭说："我哥哥外出未归，我就不可以作为主人接待你吗？"于是盛情挽留张俭。后来事情被人揭发，孔褒、孔融则被逮捕入狱，母子三人争相顶罪，孔融说："哥哥不在家，并不知情，是我藏匿张俭，责任由我承担。"孔褒则对官府说："张俭是我的朋友，他来投奔的是我。孔融年少，不了解其中原委。此事原本与弟无关，罪责理应在我。"官吏询问孔母，孔母说："我是家长，如有罪，我应当负首要责任。"一家人为保护张俭都争着赴死。面对如此情况，郡县无法自决，于是向上请示，最后定孔褒罪了事。前后因为收留张俭而被灭门的有几十家，张俭也最终在众人的保护下得以脱逃幸存。

经历了两次党锢之祸，朝廷正直之士死伤殆尽，宦官更加肆无忌惮，以张让和赵忠为首，再加上段珪、郭胜、夏恽、孙璋、毕岚、栗嵩、高望、张恭等人，号为"十常侍"。"十常侍"操控小皇帝如棋子，灵帝对"十常侍"十分依赖，以致常称"张让是我父，赵忠是我母"。民不堪命，纷纷起来反抗，郎中张钧忍不住上奏朝廷批判，并提出了他的担心："十常侍多放父兄、子弟、婚宗、宾客占据州郡，侵扰百姓，百姓之怨无所告诉，于是准备造反。"

曹操虽然出身于宦官家族，祖父为"内廷之阉宦"，但渴望与"外廷之士大夫"伍。熹平三年（174年），曹操二十岁，举孝廉，任洛阳北部尉，大胆改革。当时洛阳混乱，不法之徒到处胡作非为。曹操初登政坛，意气风发，踌躇满志，决心涤丑荡恶，以济天下。他在洛阳城每个城门左右悬放十几个五色棒，以惩戒违法乱纪者。当时，灵帝最宠信的太监蹇硕的叔父犯夜禁，曹操下令直接用乱棒打死，一时洛阳舆论哗然。蹇硕可是权倾朝野，而曹操毫不畏惧，可见曹

曹操传

操的勇气和胆略。此案对洛阳奸猾之辈震慑极大，自此以后没有人再敢犯夜禁。曹操还直言上书朝廷，批评朝廷奸邪当道，贤人被阻，要求给冤杀的窦武、陈蕃平反。虽然由于曹操官小言微，他的建议自然不会被朝廷所重视，可是，由此可见曹操胆识非常人所比。

四、潜蛰待机

汉灵帝长大后，在政治上依然毫无建树，然而，他颇好文学。熹平四年（175年），他下诏令让蔡邕等人校订儒家典籍，其缘由是蔡邕认为俗儒穿凿附会，儒家经典误谬甚多，令学者误入歧途，因此，需要重新校订。东观是东汉宫廷贮藏档案、典籍和从事校书、著述的场所，灵帝下诏令蔡邕在东观主持校书。蔡邕等人校订完成后，灵帝命人把这些典籍镌刻立在太学门外，这些碑文被后代学者称为"熹平石经"。石经建成后，每天前来观摩的人很多，以至于车辆堵塞住大街小巷。

熹平五年（176年）五月，永昌太守曹鸾上奏朝廷，要求开始解除党锢，替士大夫喊冤平反。灵帝在宦官们的挑唆下，认为曹鸾无事生非，于是下令杀死曹鸾。紧接又下诏，对党人再次处罚，牵连五族，甚至到了门生、故吏、宾客等，打击的范围深度和广度进一步扩大。在此背景下，曹操棒杀蹇硕叔父，令宦官们恨得咬牙切齿，但是，他们也找不到合适的借口报复曹操，结果他们把曹操调离洛阳。熹平六年（177年），曹操二十三岁，调任顿丘令。后来，曹操的一个名叫宋奇的堂妹夫犯罪被杀，经过宦官的罗织，曹操最终受到株连而被免官。免官之后，曹操回到故乡，娶妻并纳本为倡家的卞氏为妾。据说卞氏出生时，异彩弥漫，其父非常惊讶，便去占卜，卜者说："此乃大吉之兆，你家小女富贵不可限量。"卞氏嫁给曹操后生曹丕、曹植、曹彰，三子后来都很杰出。

灵帝在位二十年，为政荒唐至极。他亲自卖官鬻爵，所有的官职都可以公开叫卖，明码标价，如从关内侯、虎贲、羽林等，都可以买卖，价格不等。《资治通鉴》就记载：二千石的官职标价二千万，四百石的官职标价四百万。还在西园设立仓库，存放卖官得到的钱财。在这种情况下，两袖清风的正直官吏要么无法继续做官，要么以死明志拒绝。泰山平阳人羊续清廉正直，灵帝安排他当太尉，按规定应该先交一千万钱。灵帝派宦官催他交钱，羊续指着身上的旧官袍对宦官说："这就是我的全部家产。"表示自己无钱买官，结果灵帝还真不让他出任太尉。颍川颍阴人刘陶官至侍御史，因为正直被宦官嫉恨贬为京兆尹，刘陶耻于出钱买官，便以病辞官。河内人司马直任巨鹿太守，朝廷认为他清廉无钱，特意减少三百万。然而，即使这样，司马直也无钱可出，他喟然长叹说："为民父母，反而靠剥削他们花钱买官，我岂能做得出来？"痛陈朝弊后愤而自杀。

灵帝对学术、艺术却特别留心。《后汉书·蔡邕传》记载：灵帝即位之初，重视经术，"听政之余，观览篇章"。《后汉书·五行一》还记载："灵帝好胡服、胡帐、胡床、胡坐、胡饭、胡箜篌、胡笛、胡舞。"光和元年（178年）二月，创立了鸿都门学。《后汉书》记载，灵帝要自编《皇羲篇》五十章，命令负责此事的侍中祭酒乐松、贾护召聚民间艺人多达千人，而其中多"无行趣势之徒"，他们来自社会基层，因能讲说地方风土人情和民间故事而颇受灵帝喜欢。这些汇聚到鸿都门学的鸿都学士大多是无身份的地主及其子弟，很快就被授以从中央到地方的大大小小的官职。由于他们是被士族认为出身低微的"斗筲之人",没有什么文化,士大夫耻与之为列。灵帝在玩乐方面颇有创意发明。他在宫廷里仿照民间设置街市、店铺,一应俱全,让宫女嫔妃或扮商人叫卖,或扮成顾客讨价还价,或扮卖唱艺人等,灵帝自己则穿上商人服饰,穿梭其中,并在酒肆中饮酒作乐,体验世俗生活的快乐。灵帝还爱逗狗,他甚至给狗戴官帽、披绶,文武百官虽感奇辱,却是敢怒不敢言。宦官还让驴车进宫,灵帝亲驾四头驴拉的车子,来回奔驰,市场上因此一时驴价陡涨。

光和三年(180年)六月,灵帝下诏,令公卿举荐能通晓《尚书》《毛诗》《左传》《穀梁传》者为议郎,曹操因"能明古学"而被征为议郎。面对乌烟瘴气的朝政,在政治上涉足未深的曹操很认真地履行议郎的职责,他再次上书指责时弊。这时,瘟疫、旱灾频繁出现,汉灵帝也很害怕,以为是上天的警示。当时内有农民不断起义,外有鲜卑攻陷幽、并二州,汉灵帝不得不下诏让官员们讨论朝政得失。光和五年(182年),曹操错认为灵帝真的想匡正自己的过失,于是又很认真地把各种社会问题加以梳理然后上奏朝廷。他指出,目前最主要的问题有宦官当权、祸害百姓、荐举不当、用人唯亲等。汉灵帝下令复查,当然最终也是不了了之,反而把一些上言不痛不痒的人征为议郎。此时,二十八岁的曹操终于明白东汉大厦将倾,决定不再献言。

中平元年(184年),东汉帝国灭亡的大幕,被张角兄弟以"太平道"为名的黄巾大起义正式拉开。太平道属于东汉末年方士们的原始道教的一个派别,当初张角以治病救人的教主形象出现。"太平道者,师持九节杖为符祝,教病人叩头思过因以符水饮之。得病或日浅而愈者,则云此人信道;其或不愈,则为不信道"。张角利用太平道发动起义,有两方面原因:一方面是因为东汉是充满着神学迷信的时代,刘秀就是利用图谶作为自己继承西汉统治合法根据的,从而谶纬盛行,所以,利用宗教形式,百姓容易接受。另一方面,东汉统治者刚开始对"太平道"是支持的,灵帝把"太平道"称为"善道",结果张角就"使于四方,以善道教化天下",利用太平道为起义的组织打开方便之门。百姓对腐败不堪的朝廷早已失去信任,"发如韭,剪复生;头如鸡,割复鸣。吏不必可畏,小民从来不可轻",这样的民谣充分反映了百姓对统治者的不满和仇恨。

太平道在贫苦农民中有很大的威望,信众迅速增加,多达数十万。张角将青、徐、幽、冀、荆、扬、兖、豫八州的信众分为三十六方,大方万余人,小方六七千人。"方"原指城厢,三十六方是太平道在城厢边缘形成的三十六个流民聚居点。各方头目平时负责传教治病,战时负责指挥。张角相约信众在三月五日以"苍天已死,黄天当立,岁在甲子,天下大吉"为口号兴兵反汉。"苍即青,青木色也",苍天等于木德,"黄天"指的就是太平道,根据五德始终说的推测,汉为火德,火生土,而土为黄色,所以众信徒都头绑黄巾为记号。

张角一方面派人到荆州、扬州召集人马,另一方面又联络宦官中常侍封谞、徐奉等人,准备里应外合。然而,起义前,门徒唐周叛变告密,供出在京师作为内应的马元义,马元义被车裂,封谞、徐奉被杀。朝廷大力捕杀太平道信徒,并且下令追捕张角。在这种情况下,张角被迫提前一个月发动起义,他自称天公将军,其弟弟张宝、张梁分别为地公将军、人公将军。他们首先在冀州起事,烧毁官衙,惩治恶吏,一时天下云集响应,官军闻风而逃,黄巾军势如破竹,天下为之震动。

消息传到洛阳，朝廷大为惊恐，汉灵帝召开紧急会议商量对策，最后确定的基本策略是：赦免一切可赦免之人，包括党人，最大范围地争取拥护朝廷的力量。可是，张角不在赦免之列。启用一切可启用的人，让他们奔赴前线，为大汉帝国排忧解难。朝廷同时命令北中郎将卢植、左中郎将皇甫嵩、右中郎将朱儁，立即带兵前往镇压黄巾军。在军事部署上：灵帝以何进为大将军，率领羽林军镇守京师；在函谷关、孟津等重要关口，增派重兵把守；同时，下诏各地严防黄巾军，命令各州郡抓紧训练士兵，整理武库，准备与黄巾军决一死战。汉郎中张钧上书说："我认为张角作乱的根源是十常侍祸害天下，百姓冤屈无处申诉。应立即杀掉十常侍，以平息百姓之怨，然后，再派出使者将十常侍之过布告天下，这样无须用兵，黄巾军自会平息。"

汉灵帝把张钧的奏章给张让等人看，张让等人明白皇帝的态度，立即叩头请罪，他们假意乞求灵帝把他们投入洛阳监狱来平息天下怨恨，并表示愿意拿出家财以助军费。灵帝自十二岁即位，与宦官关系就非常密切，他的表态只是暂时震慑一下宦官罢了，他回过头来训斥张钧说："十常侍中难道没有一个好人？"侍郎皇甫嵩也上谏朝廷应解除党禁，以提升军队士气。灵帝对解除党锢犹豫不决，中常侍吕强对汉灵帝说："党锢之祸积怨日久，如果不解除党锢之祸，一旦造成贤士与黄巾军联合，朝廷真的危在旦夕。"

汉灵帝这才恍然大悟，于是昭告天下，大赦党人。在这种情况下，党人大振，朝廷要求各级官吏捐助马匹、武器等军需，推举军事人才，同时安排精兵强将前往各地镇压起义军：北中郎将卢植负责北方战线，与张角主力周旋；刚被任命为北中郎将的皇甫嵩及右中郎将朱儁各领一军，讨伐颍川一带的黄巾军；朱儁又上表招募孙坚为佐军司马，招募精兵共一千多人，与朱儁合兵进击黄巾军。汉军刚开始与黄巾军交战并未得利，四月朱儁军被黄巾军打败，皇甫嵩与朱儁一起进驻长社（今河南省长葛市东北）防守又被黄巾军团团围住，汉军士气低落。

在汉军节节败退之时，曹操被朝廷任命为骑都尉，皇甫嵩、朱儁被围，曹操奉命率军去救援。当时援军未到，众寡悬殊，汉军人人自危，皇甫嵩安慰部下说："用兵要用奇变，取胜不在乎军队的数量多少。现在敌人不懂兵法，依草结营，这样容易因风起火。如果我们乘天黑纵火焚烧，他们一定惊恐散乱，那时我们再趁机进攻他们，就会大获全胜。"傍晚，果然狂风大作，皇甫嵩命令士兵手持火把出城，突然点燃黄巾军营寨周围的杂草，风助火力，火借风威，黄巾军一时大乱。城中士兵看到城外火起，皇甫嵩、朱儁命令打开城门，亲自带领士兵冲入敌阵，黄巾军因此大败。黄巾军败逃的路上，恰好遇上曹操带领前来增援的部队，于是在皇甫嵩、朱儁和曹操的合力攻击下，黄巾军被杀数万人，汉军大胜。此次战役对曹操来说，可谓首战告捷。

几十万黄巾义军向皇甫嵩、朱儁投降，皇甫嵩、朱儁在降军中搜到中常侍张让与黄巾军来往的一封书信，他们写成奏折密奏灵帝。汉灵帝大怒，让张让解释此事。张让极其狡猾，他把私通黄巾军的事情一股脑推到已经被杀的封谞、徐奉身上，还向灵帝哭诉自己忠心耿耿却被人嫉妒和陷害。灵帝本就无意惩罚张让，也就不再追究此事。

曹操初次出征所展现出的军事才干得到朝廷认可。由于此时天下大乱，济南相被杀，曹操被临时任命为济南相。其间，曹操再次展现了他非凡的管理才干。曹操到任之前，济南可谓混乱不堪，豪强横行，百姓穷困，"淫祀"盛行。"淫祀"盛行缘由是西汉城阳（今山东省莒县一带）王刘章因为功勋卓著，朝廷允许他在封地设立祠堂，于是各郡竞相模仿，尤以济南为甚，最多时竟有六百多个。曹操到达济南后，力行革弊，贪官污吏、奸猾之辈纷纷逃出济南。曹操整治吏治，奏免贪官污吏，公正选拔人才。针对天下疲弊、物力困乏的现状，曹操下令毁坏祭祀神坛。如此一来，没过多久，济南就风清气正，史书上称赞是"政教大行，一郡清平"。在治理济南期间，曹操创作了《对酒》，表达了他的政治理想：

对酒歌，太平时，吏不呼门。

王者贤且明，宰相股肱皆忠良。

咸礼让，民无所争讼。

三年耕有九年储，仓谷满盈。

斑白不负载。

雨泽如此，百谷用成。

却走马，以粪其土田。

爵公侯伯子男，咸爱其民，以黜陟幽明。

子养有若父与兄。

犯礼法，轻重随其刑。

路无拾遗之私。

图圄空虚，冬节不断。

人耄耋，皆得以寿终。

恩德广及草木昆虫。

中平元年六月，南阳太守秦颉斩杀黄巾军首领张曼成，黄巾军十多万人便在赵弘的带领下攻占宛城（今河南省南阳市宛城区），而此时皇甫嵩与朱儁率军破汝南、陈国黄巾军后，剩余的黄巾军逃到宛城。皇甫嵩与朱儁的属将孙坚勇猛异常，亲自率军首先登城，最后大破敌军，朱儁上表孙坚功绩。与此同时，北中郎将卢植也多次大破张角军队，斩杀其万人。张角被逼无奈，不得不撤到广宗县（今属于河北省邢台市）。卢植赶制云梯，准备攻城。其时，正值汉灵帝派小黄门左丰视察军情，鉴于宦官势大，有人暗地劝卢植贿赂左丰，但性格刚毅的卢植不听，于是左丰便向灵帝诬告卢植故意按兵不动，企图放走黄巾军，昏庸的灵帝听信诬告，用囚车押卢植回京。卢植被囚后，朝廷只得重新调整军事部署，以董卓代替卢植，结果董卓战败。

朝廷下令皇甫嵩继续进攻广宗县，此时张角已经病死，张角弟张梁守城。张梁兵力强盛，善用兵法，皇甫嵩久战未决，不再急攻，派人观察敌军，黄巾军于是逐渐松懈。皇甫嵩乘夜袭城，最后终于攻破城池，杀掉黄巾军三万余人，投河溺死者五万多人，张梁阵亡。朝廷对张角"剖棺戮尸"，传首京师。十一月，皇甫嵩又与巨鹿太守郭典，联手攻下黄巾军把守的曲阳城（今河北省宁晋县西北），张宝被杀，至此，黄巾军主力基本上被消灭。

然而，灵帝并未深入反思黄巾起义动乱的根源，没有深刻汲取教训，反而认为农民起义的力量不过如此，于是又开始肆无忌惮地搜刮民脂民膏。朝廷的南宫由于战乱被烧得破乱不堪，宦官张让、赵忠等人劝灵帝下诏每亩征十钱用来修建。灵帝还下令购置奇木异石。当这些东西送到京师时，宦官们故意压价，以致木材堆积腐朽。刺史、太守在征税时又私自增加钱数，百姓更苦不堪言。朝廷特使到处打着灵帝旗号，接受贿赂。宦官们生活奢侈，争相仿照宫室建造住宅。灵帝喜欢登高台，宦官怕因此让皇帝看见他们的豪华住宅，就使人劝汉灵帝说："天子不应当登高，天子登高老百姓就要消亡。"于是汉灵帝也不再登高。

　　曹操虽平定黄巾有功，但是，经常得罪宦官，他担心早晚都会给家里带来横祸，于是决定辞官归乡，等待时机。英雄注定不会平庸，曹操早晚会干出一番轰轰烈烈的事业。

第二章　利剑出鞘

一、精确判断形势

中平三年(186年),灵帝尽情享受最后的狂欢。他让掖廷令毕岚花巨资铸造四个铜人排列在苍龙、玄武宫前。他还下令铸造天禄神,其形似鹿而长尾,头上两角,单角为天禄,双角者为辟邪,认为此举可以消灾除难。朝廷又铸四出文钱。四出文钱因钱背有四道斜纹,由穿孔四角直达边缘而得名;四出也即是从四处流出的意思,此钱被认为是天下即将流离失散的征兆。灵帝还在西园修建了许多房屋,引来渠水四处绕流,令人在渠中种植荷花,荷花大如盖,高丈余,夜舒昼卷,名曰夜舒荷。灵帝与宫女们在园中裸衣追逐嬉闹,美其名曰裸游馆。

深受欺压的百姓忍无可忍,再次发动起义,起义此起彼伏。与上次镇压起义不同,地方军阀不再替朝廷分忧,而是乘机作乱。中平四年(187年),韩遂杀边章后拥兵自立。朝廷派凉州刺史耿鄙镇压韩遂,结果被韩遂打败,耿鄙的部下反而叛逃投奔韩遂,拥立韩遂为主,于是其他地方也纷纷效仿韩遂。在此用人之际,曹操重新出山,被征为都尉。

中平五年(188 年),黄巾军余部再度发动起义。二月,郭泰在白波谷(今山西省襄汾县永固镇)起义,号为"白波黄巾";四月,汝南郡葛陂黄巾军再起,攻下了许多郡县;十月,青州、徐州黄巾军也开始攻打郡县。十一月,朝廷派遣鲍鸿带兵进讨声势最大的葛陂黄巾,双方大战于葛陂,因为鲍鸿贪污军饷,士兵人心离散,毫无战斗力,必然兵败。黄巾军各部开始彼此呼应,这次起义虽没有第一次声势浩大,但也令朝廷十分棘手。为了镇压起义,中平五年三月,灵帝接受太常刘焉的建议,重新设立州牧,州牧拥有其统治地区的军政大权。朝廷此举一方面加强对地方的控制,另一方面也更能有效整合局部力量平定黄巾军,但不可避免地助长地方军阀拥兵自重,形成地方割据势力。东汉帝国在农民军的起义和各军阀的私欲双重挤压下,其支离破碎已经不可避免。

中平五年,曹操三十四岁。《九州春秋》记载,太傅陈蕃的儿子陈逸与术士襄楷、冀州刺史王芬密谈,襄楷说:"我夜观天象,宦官将有大难,应乘此机会除掉宦官。"他们以围剿黑山起义军为理由,向灵帝请求增兵,计划先诛宦官,然后再废灵帝,改立合肥侯。他们试图说服曹操共同参谋。曹操认为汉帝国衰败非一朝一夕,绝非哪一个皇帝所为,此时废立皇帝,绝不会成功。于是,曹操回应他们说:"废立皇帝是天下大事。在历史上确实有废立皇帝成功的,但是,只有像伊尹和霍光那样既对国家忠诚又有极高权势之人才会成功,并最终能得到后世认可。你们只看到古人的成功,却没有具体分析当前形势。草率处理废立大事,最终会遗祸家人。"

王芬在曹操那儿碰壁后,又暗中联系平原名士陶丘洪、华歆商讨废立灵帝。陶丘洪心动,华歆劝阻说:"废立皇帝连伊尹、霍光这样的名臣都感到棘手，王芬不善于谋划，且不懂军事，一定会失败。"此时灵帝准备北巡，王芬等人打算乘此机会发动政变。灵帝正欲出行，北方突然有赤气冲天，太史令看到后立即上书："会有阴谋发生，皇上不应此时北行。"当然，这背后肯定有人密报。于是汉灵帝下令彻查此事，不久征召王芬入京，王芬心虚而自杀。

　　经历此事后，汉灵帝设置西园八校尉加强安全保障。曹操被任命为典军校尉，袁绍被任命为中军校尉，他们都受上军校尉、宦官头目蹇硕统一管理指挥。中平六年（189 年），灵帝病重，把皇子刘协托付给蹇硕；四月，灵帝驾崩。蹇硕与何进不和，而皇子刘辩的生母是何进的妹妹，于是蹇硕想先杀何进再立刘协为帝。他请何进入后宫，何进刚进入后宫，遇到蹇硕的司马潘隐。由于二人是旧识，潘隐用眼神暗示何进不要急于进宫。何进领会，立即从小路返回军营，谎称自己生病无法入宫。蹇硕的计划失败，刘辩得以继承帝位，史称少帝。少帝尊母亲何皇后为皇太后。由于少帝年少，何太后临朝听政，宣布大赦天下，改元为光熹。少帝封九岁的弟弟刘协为渤海王，封袁隗为太傅，与大将军何进同录尚书事。见何进大权在握，宦官张让、赵忠便投靠了何进。何进知道宦官为天下所痛恨，又因为蹇硕曾经阴谋害他，于是便想利用手中掌握的朝政大权诛灭宦官。

　　与此同时，袁绍也有除掉宦官的想法。他派人劝何进说："宦官权重不是一日，他们长期谋取私利，将军现在应当选拔贤能安定天下，杀掉宦官，为国除害。"何进深知袁氏四世三公、人脉极厚，袁绍又善于养士，其从弟虎贲中郎将袁术也非俗人，袁氏兄弟正在广揽天下英雄，豪杰之士都愿为他所用，在社会上影响力非常大。何进决定，与袁绍联手，杀掉宦官。

对何进等人的计谋，蹇硕日益不安，他告诉中常侍赵忠等人："大将军执政，现在又想谋划诛杀我们这些人，只是因为我现在统领禁兵，所以他们暂时犹豫不决。现在我们应当共同尽快捕杀何进！"赵忠等人一方面与蹇硕周旋，另一方面让何进的老乡中常侍郭胜把蹇硕的想法提前透漏给何进，何进于是在宦官们的配合下逮捕蹇硕，并将其斩杀。袁绍劝说何进应该迅速进一步扩大诛杀阉宦，以平息天下人怨恨："从前窦武想诛杀宦官反而被害，就是因为信息漏泄出去的原因，现在百官都畏惧宦官。将军有这样的地位，部下将吏又都是英俊名士，他们乐于为您效命，此乃天助良机。将军应该乘机为天下除害，以名垂后世。"何进认为袁绍讲得很对，于是与袁绍制定消灭宦官的计策。

然而要想除掉宦官，必须得到太后的支持，由于何太后在被宠幸时得到宦官们的帮助，所以对无差别地除掉宦官坚决反对。何太后说："宦官统领皇宫是汉家的老规矩，况且先帝刚离世，我怎么就随意违背制度？"何进不敢违背何太后，告诉袁绍是否只诛杀宦官首恶，袁绍劝他说："宦官侍奉皇上，他们可以随意传达诏令，如果不一网打尽，一定会后患无穷。况且计划已经外露，将军如果不早下决断，事久生变，定会遭祸殃。"何进犹豫不决。由于何太后母亲舞阳君及何进的弟弟何苗多次接受宦官的贿赂，宦官们知道何进要杀害他们，多次请舞阳君及何苗央求何太后庇护宦官，并且向何太后进谏说："大将军擅自杀害宦官，真实目的是方便自己专权和削弱皇上的权力。"何太后也怀疑何进动机，于是不停劝阻何进。何进不能决断，所以诛杀宦官的事情久而不决。

袁绍此时又向何进献引进外强进行逼宫的计策，他建议多召集四方豪杰，命令他们引兵到京城，逼迫何太后做出让步。何进最后同意了袁绍的建议。面对此计带来的潜在危险，主簿陈琳劝谏何进说："《易经》称：即鹿无虞，惟入于林中；君子几，不如舍，往吝。"意思是说，进山打鹿，不熟悉地形和鹿性，那是白费气力。国家大事岂可用欺诈来获得成功呢？现在将军您掌握兵权，如果寻找外援，一旦他们集合起来，强者为雄，如同把利器倒拿而把柄给别人，不但事情办不成，反而会造成祸乱。何进没有听从陈琳的意见。《魏书》记载，曹操听到何进诛杀宦官的策略后，再次展现了他非凡的政治观察力，他向何进建议说："宦官自古以来就有，如今宦官横行，是他们权力太大的结果。如果要收拾他们，只需要派个狱吏惩治首恶就行了，根本不需要大张旗鼓地借助外力。如果借助外力，容易走漏消息，反而导致失败。"何进固执己见，没有采纳曹操的建议。

何进派人调集驻守外地的董卓带领其西凉兵进行配合，又使大将军府掾王匡准备强弩手，召东郡太守桥瑁驻扎成皋（在今河南荥阳汜水镇），使武猛都尉丁原烧孟津（今孟津县东北、孟州市西南，古为黄河重要渡口），制造人人都要诛杀宦官的态势。但是，何太后还是不同意。何苗劝哥哥何进说："我们以前身份贫贱，都是依靠宦官的帮助才获得富贵，不能随意杀掉宦官，与他们保持友好才是保全何家的上策。"何进听到弟弟的话后再次迟疑。

袁绍担心何进改变主意，对他说："将军为什么不早决定？目前我们与外部互相结合的形势已经呈现出来，事情不当机立断就会发生变故，你还等待什么呢？"何进于是就任袁绍为司隶校尉，加快准备行动，袁绍派兵监视宦官，此时董卓也准备向洛阳进兵。面临大兵压境，何太后终于害怕，她罢退全体小黄门，让他们回到故乡。宦官们纷纷去何进那里请罪,何进对他们说:"天下大乱,都是因为你们的缘故啊! 如今董卓很快就要到了,诸君为什么不早日回到故乡呢?"袁绍再三地劝何进立即处决他们,何进还是不听。

为了逼何进立即下定杀掉宦官的决心,袁绍写信告知各州郡,散布何进逮捕宦官亲属的信息。张让的儿媳妇是何太后的妹妹。张让向儿媳妇说:"我累世受恩,现在突然要远离朝廷,有点难舍,希望你再进宫一次向太后替我说情,让我能够最后看太后、皇上一眼,那样死而无憾了。"张让的儿媳妇就拜托何太后的母亲舞阳君,让舞阳君向何太后转达张让的意思。于是何太后诏命诸黄门重新进宫。

光熹元年八月,何进入长乐宫,再次请求何太后同意诛杀宦官,宦官们都很恐惧,互相转告说:"将军现在忽然到宫中来,难道是想对我们赶尽杀绝吗?"张让于是带领常侍段珪、毕岚等几十人,拿着兵器悄悄地埋伏宫中,假称太后下诏召何进一人进宫。何进入宫后,张让等人指责何进说:"天下大乱,也不仅仅是我们这些人的过错! 先帝曾经与太后不和,几乎把太后废黜,我们各人耗尽千万家资来取悦先帝,哭着去解救太后,只想依靠何氏门户。你不念旧恩,反而要灭族我们,有点太过分了吧? 你说宦官污秽,那么公卿忠诚廉洁的又有几个呢?"不由何进辩解,斩杀何进。张让、段珪等人矫诏说何进叛乱,群臣怀疑诏书有假,说:"大将军出来共同商议。"中黄门把何进的脑袋扔出来,说:"何进谋反,已经服罪被杀。""当断不断,反受其乱",何进反反复复、优柔寡断,以至于贻误战机、功败垂成。

何进被杀,其部下在军营中大躁,士兵准备攻入宫中。同时,袁术带兵攻打宫城,张让等人抵挡不住,于是挟持少帝刘辩和陈留王刘协从宫中暗道仓皇外逃。袁绍与叔父袁隗假称奉诏,宣布杀死宦官党羽许相、樊陵,然后列兵朱雀阙下,捕杀还没有来得及逃走的其余宦官。为此袁绍下令关闭宫门,严禁闲人出入,指挥士兵搜索宫中的宦官,不论老幼,斩尽杀绝,这样被杀死的宦官及其家属多达两千人。在慌乱搜捕中有些不长胡须的人也被误当成宦官杀掉,有的人为了活命甚至主动脱裤子证明自己不是太监。张让、段珪等几十人劫持天子外逃。面对后面穷追不舍的追兵,张让等人知道自己这次在劫难逃,他们哭着向天子诀别说:"我等灭绝,天下仍会大乱,希望陛下自己爱惜自己!"说完都投河自杀,东汉危害多年的宦官专政自此完全结束。

正当袁绍在宫内追杀宦官的时候,董卓望见洛阳浓烟滚滚,知道朝廷已经发生重大变故,于是下令朝洛阳紧急进军。董卓抵达洛阳后,打听到张让等人劫持少帝上了北芒山,于是又向北芒山追去。董卓率领军队抵达洛阳西郊,于北芒山下与少帝和陈留王相遇,董卓军队浩浩荡荡,惊魂未定的少帝见到凶猛的董卓大军,惶恐不已,护驾的大臣知道董卓来者不善,说:"有诏退兵!"董卓大骂道:"我日夜兼程三百里路,就是为了保护圣驾,为何退兵?"董卓反问大臣们:"诸公身为国家重臣,不能匡正天下,致使国家动荡、天子落魄、百姓流亡,你们还有理由护驾?"随后董卓喝令众臣闪开,拜见少帝后,伸手要从都亭侯闵贡怀中抱走陈留王刘协。刘协不愿意,董卓只得与刘协并马而行。董卓向少帝刘辩询问宫中巨变的细节,少帝面对董卓,语无伦次,刘协却能表达得十分清楚。董卓了解刘协是董太后抚养长大,与董太后亲近,而董卓又自认为与董太后同族,于是希望刘协能当上皇帝。董卓庆幸得到了一张王牌,他簇拥少帝、带着军队，耀武扬威地开进了洛阳城。

董卓进入洛阳时所带兵力并不多，为了尽快完全控制洛阳，他略施小计。史书记载："董卓之入也，步骑不过三千，自嫌兵少，恐不为远近所服，率四五日辄夜潜出军近营，明旦，乃大陈旌鼓而还，以为西兵复至，洛中无知者。"目睹董卓不可一世的样子，听从何进传召、刚刚从故乡募兵回到洛阳的鲍信对袁绍说："董卓拥有强兵，居心不良！如果不能及早采取行动，国家就要陷入动乱。我们应该趁他现在长途行军士卒疲惫，立即攻击，这样或许能拿下董卓。"袁绍害怕董卓，没听从鲍信的建议。鲍信非常失望，知道洛阳又将大乱，就带兵回到泰山去了。

董卓进入洛阳后，正如鲍信所料，他日渐骄横专权，最后决定废掉少帝。当时，少帝年十七，陈留王刘协仅九岁，在董卓看来，年幼的陈留王刘协更容易控制。另外，刘协生母王美人当年正是何太后鸩杀的，刘协后来为灵帝母董太皇太后收养。董、何两位太后关系紧张，董太后在与何太后的权力斗争中失败，忧郁而死，人们甚至怀疑董太后之死是何太后所害。在董卓看来，如果立刘协为帝，也方便抑制何太后。考虑到袁绍的影响力，董卓邀请袁绍一起商议废立皇帝大事，袁绍坚决不同意，说："恐怕大多数人都不赞成你的意见。"董卓不容置喙地说："天子就应该是贤能的人，刘协贤明聪慧，应该换立他为帝。如果刘协不是天子，刘氏其他后裔也就没有活着的必要了。"袁绍针锋相对地说："天下实力强大的难道只有董公您自己吗？"说完不等董卓回答，横握佩刀，扬长而去。董卓与袁绍商讨没有结果，就决定强制废立皇帝，他在朝会上以霍光自比，同时告诫群臣：谁有异议，马上会人头落地。在董卓的威胁下，满朝文武都噤若寒蝉，只有尚书卢植站出来公开抗议。由于卢植德高望重，董卓虽然不满，尚不敢公开杀掉卢植。士大夫虽然不敢公开反对董卓，也在暗中保护卢植。董卓想找借口杀害卢植，议郎彭伯就劝阻董卓说："卢植是海内大儒，士子都很仰望，如果杀掉卢植，天下人都会对你失望。"卢植也因此逃亡。在董卓的授意下，九月一日，尚书丁宫主持废立仪式，太傅袁隗将少帝刘辩扶下皇座，刘协正式登基，他就是献帝。

刘协登基后，董卓如愿大权在握。董卓故意纵放士兵在洛阳城中任意抢劫，奸淫妇女。完成了皇帝的废立，董卓要废除何太后。他指责何太后是害死董太后的元凶，命人把何太后赶入永安宫，不久加以毒杀，还不许为何太后举行任何丧礼，仅仅让献帝到奉常亭简单表示一下哀悼。乘何太后下葬之机，董卓打开汉灵帝陵墓，士兵盗取陵中奇珍异宝。这年十一月一日，董卓自封相国，进封郿侯，入朝不趋，剑履上殿。何太后死后，董卓将其母舞阳君杀掉；何苗被何进部将攻杀后，其尸体仍被董卓挖出来，暴尸于外。董卓残暴异常：侍御史扰龙宗拜见董卓，一时忘掉解除佩剑，被董卓下令打死。大司农周忠之子周晖听说洛阳发生巨变，急忙到达洛阳，董卓认为他图谋不轨，派兵将其杀掉。

此时，董卓还试图拉拢曹操，他上表举荐曹操为骁骑校尉。曹操认为董卓终非善类，必然会灭亡，决心不和他同流合污，于是，改姓变名，辞官返乡。董卓下令全国追捕。曹操东归路上，发生杀害吕伯奢一事。有关此事，史上有三种不同的记载：第一种，《三国志》注引《魏书》的记载说，曹操投奔到吕伯奢家，当时吕伯奢不在家里，吕伯奢的儿子以及宾客想乘机抢劫曹操，曹操不得已"手刃击杀数人"。第二种,《世说新语》记载,曹操经过吕伯奢家,吕伯奢出门在外,其五子都在,为曹操准备了宾客之礼。曹操自己逃亡在外,怀疑吕伯奢儿子会告发自己,于是操剑夜杀诸人匆忙逃离。第三种,东晋史学家孙盛《杂记》记载,吕家人正准备食物招待曹操,曹操听到食器声,以为吕伯奢准备谋害自己,于是先下手为强,杀人灭口,并说"宁吾负人,毋人负我"。当时社会混乱,曹操身为逃犯,防备别人害己在情理之中,但是,过于猜忌,出手残忍,这也是曹操残忍性格的初步展现。

在逃亡过程中,曹操过中牟(今河南省鹤壁市西)时被亭长捉住,当时董卓捉拿曹操的文书已经到了中牟。这位亭长听从手下功曹的劝告,私下又放走了曹操。这位功曹还劝曹操说:"天下大乱,不应该随便拘留真正的英雄豪杰。"这个细节至少说明,曹操在当时已是人所共知的英雄豪杰。

二、讨伐董卓

曹操为躲避董卓的追捕逃离洛阳,谣言说曹操已经死了。那些在洛阳打算跟着曹操打拼天下的部下准备四散,卞夫人阻止说:"现在曹君生死不明,大伙就各自四散。如果明日曹操还在,还有什么面目再相见呢?即使此事成真,大家共赴灾难又有什么可怕呢?"于是大伙就听从了卞夫人的劝告,逐渐稳定下来。曹操后来知道后,对卞夫人赞许有加,认为她很有远见。

董卓擅行废立皇帝、随意杀戮,引起天下共愤,各地讨卓的呼声日益高涨。曹操到达陈留(今开封市东南)后,立即散尽家财招兵买马。当地人卫兹初见曹操，就认为"以后平定天下的一定是这个人"，并慷慨大度地以家产相助。曹操召集了大约五千人的兵力，他后来在《军策令》中回忆起刚创业之艰难说："刚开始起兵反抗董卓时，连兵器都缺乏，我就和工匠们一起打造兵器。当时，北海有个叫孙宾硕的人想来投奔我，他看到我正在制作兵器，就嘲笑说：'我本来认为你是一个做大事业的人，没想到你现在竟和工匠们在一起做兵器。'我回答他说：'既能做大事，又能做小事，岂不是更好？'"

中平六年（189 年）十二月，曹操三十五岁，在陈留郡正式起兵，宣布讨伐董卓。当时，袁绍实力最强大，很多人纷纷投奔袁绍。鲍信与弟弟鲍韬却对曹操"深自接纳"，他们安慰曹操说："有真正谋略的人多少代才出现一个，当今之世，能称得上拨乱反正的英雄只有你。袁绍即使暂时再强大，后来也必然会失败。"这话令曹操十分感动。

初平元年（190 年）正月，讨伐国贼董卓已是天下英雄共识。东郡太守桥瑁甚至假造三公文书散发到各地州郡政府，历数董卓的罪恶，呼吁各地起兵反董，恢复少帝刘辩的帝位。袁术、韩馥、袁绍、张邈、鲍信等，各领数万兵马，也宣布起兵。不过，各路诸侯虽然起兵反卓，但是董卓毕竟挟献帝以自重，代表着朝廷，因此，还有许多地方官吏服从其统治，不敢响应张邈等人的号召。胡毋班写信给王匡说："关东诸郡，虽实嫉卓，犹以衔奉王命，不敢玷辱。"胜败大势尚未可知，各地军阀心存顾忌，大多不愿充当盟主这个"乱首"。例如，张邈等诸侯在酸枣会盟时，"更相辞让，莫敢先登，咸共推（臧）洪。（臧）洪乃摄衣升坛，操血而盟"。众多州郡大员都不敢主盟，而让一个小小的郡吏功曹出来领头歃血盟誓，这种反常的现象表明了他们的畏惧心理。诸侯们于是遥推袁绍为义军盟主，一方面是由于袁家四世三公，声望崇高，"门生故吏遍于天下"；另一方面，应该还有说不出来的理由，就是都想避免自己成为罪魁祸首，于是就把袁绍推举出来担纲。袁绍也就顺势而为，任命曹操为奋武将军，自封车骑将军。反董势力形成了大致的作战布局：袁绍与王匡带兵屯河内，孔伷屯颍川，韩馥屯邺，余军咸屯酸枣（河南延津西南）。董卓得知诸侯在东部正式起兵，就把袁绍的叔父袁隗以及在京师的袁氏宗族全部斩杀。

董卓见函谷关以东地区盟军声势浩大，洛阳不安全，准备迁都长安。洛阳汉室传统势力还很强大，关中易守难攻。董卓驱赶洛阳百姓一同迁都。洛阳百姓本来就对董卓恨之入骨，现在又要他们西迁，更加恐慌和不满。董卓就派军队每村每户、一街一巷地驱赶人们，那些不愿西迁的都被董卓的军队杀死。一时洛阳周围二百里内，被迫西迁的就多达数百万人。他们扶老携幼，忍痛离开自己的故乡，一路男悲女哭，老弱病残，饥寒交迫，很多人病死、饿死，哀鸿遍野。董卓西逃，不顾百姓死活，任意践踏，整个道路都堆满了尸体。为了防止官员和百姓逃回洛阳，董卓还将整个洛阳城以及附近二百里内的宫殿、宗庙、府库等大批建筑物全部焚毁。

此次迁都，在文化上也是一大浩劫，兰台藏书在途中损失大半，董卓还命军队将正在举办"二月社"活动的百姓一举屠杀，对外却宣称是剿灭叛敌得胜归来，并把劫掠来的女人分给士兵。为了攫取财富，董卓还派吕布盗掘皇家陵墓和公卿坟冢，尽收珍宝。整个洛阳城在董卓肆意践踏破坏下毁于一旦。面对如此惨景，曹操悲愤不已，他写了一首诗《薤露行》，生动地描绘了洛阳的残破景象：

贼臣持国柄，杀主死宇京。

　　荡覆帝基业，宗庙以燔丧。

　　播越西迁移，号泣而且行。

　　瞻彼洛城郭，微子为哀伤。

　　作为联军盟主，袁绍畏惧董卓，迟迟不敢行动。袁绍尽管有盟主之名，但在起兵之初，他的军事实力并不强盛。袁绍与王匡盘踞河内，身为渤海太守，他部下仅有一郡人马。王匡的河内郡兵战斗力也不强，曾经进军河阳，结果被董卓轻易击溃。这些讨伐董卓的联军也各怀异心，大家都想保存实力，酸枣驻军将领每日饮酒作乐，谁也不愿主动和董卓交锋。即使是董卓仓皇西迁这样大好的进攻机会，联军诸将仍然徘徊不前，对此曹操痛心指出："诸君，我们理应伸张正义，除暴安良。现在军队已经聚合在一起，大家却迟疑不决！假如董卓不迁都，靠着洛阳地形险隘，东向与我们对峙，他虽然暴虐无道，我们确实一时半会也奈何不了他。可是，现在机会来了，其焚烧洛阳，挟持天子，天下为之震动，这是老天要灭亡他，我们一战，就可以平定天下！"然而，由于人微言轻，曹操的建议几乎无人理睬，诸将依旧喝酒取乐。

　　在这种情况下，曹操勇敢而孤独地率领自己的军队西向讨伐董卓。当时跟随他出兵的还有鲍信、鲍韬以及卫兹等人。曹操计划首先占领成皋，不过，由于其力量过于弱小，缺少盟军策应，结果到了荥阳（今河南荥阳东北），就被董卓大将徐荣打败，士兵死伤甚众。曹操自己也被流箭射中掉下马来，由于马受伤不能再骑，后面追兵又马上赶到。情势危急，幸亏堂弟曹洪及时赶到，把自己骑的马让给曹操，要求曹操快跑。曹操不忍，曹洪说："天下可以没有我曹洪，但是不能没有你！"曹操于是上马，曹洪在后面跑着跟曹操一块逃。由于汴水太深，曹操无法渡河，曹洪又沿着汴水找到一条船，最终逃命。此次战役中，鲍信受伤，鲍韬、卫兹壮烈战死。

曹操兵败回到酸枣，看到联军仍然不思进取，再次建议："各位举起义旗，就是为国家消灭贼人；我们仗义起兵，百姓犹如大病初愈！目前盟主袁绍带领军队，兵临孟津和酸枣，各位将军应坚守住成皋、占领敖仓（在今郑州市西北邙山），因为这是中原的重要粮仓所在，堵塞镮辕山（河南省偃师县东南）险要之地，让袁术将军带领南阳军队，进入武关，震慑三辅（京兆尹、左冯翊、右扶风，即关中之地）。在策略上只是大军逼向董卓，不要轻易与他交战，多增疑兵，造成讨伐逆敌的大趋势，这样就可以稳操胜券。现在诸位迟疑不敢前进，让翘首以盼的百姓大失所望，实在令人感到惭愧！"

曹操颇有远见，可惜他的意见并没有受到重视。明代思想家王夫之指出，曹操当时是专心勤王讨贼，并不像袁绍、袁术兄弟那样有割据自立之企图，所以，他决定孤军深入，与董卓决一死战。

三、初战失利

曹操本来就没有多少兵力，又孤军奋战，讨伐董卓初战失败，兵力更所剩无几。曹操清醒地认识到，诸侯联军会遭逢困境，迟早会分裂瓦解。因此，他率先离开是非之地，设法去补充兵力，避免在将来的混战中被消灭。他与夏侯惇等一起，到扬州招募兵马。扬州刺史陈温、丹阳太守周昕，帮他募兵四千余人。曹操回到龙亢却发生士卒叛乱，这些士卒夜袭曹操，烧毁了曹操大帐，曹操"手剑杀数十人",其余叛军吓得四散而逃,最后还剩五百人左右。曹操在《让县自明本志令》中提到这段经历的时候说:"汴水之战时,我部只有几千人,后到扬州再去招募,也仍不过三千人。"曹操到达铚(今安徽省濉溪县临涣镇)、建平(今河南省永城市西南),又招募到士兵一千多人,他决定暂时把军队驻屯在河内。

初平二年(191年)四月,董卓入长安。入城时,他故意让御史中丞皇甫嵩跪拜迎接,董卓乘坐青盖车,华丽无比,当时人号曰"竿摩车",出入规格与天子无异。六月,发生地震,董卓知道蔡邕博学,为此询问蔡邕。蔡邕对他说:"地震是阴盛侵阳,如果臣子欺凌主上也能引起地震。目前您的车驾服饰已经逾越,我个人认为不合规制。"董卓竟然听从蔡邕的建议,改乘皂盖车。对于董卓所为,士大夫早已不满。为了笼络人心,董卓封王允为温侯,王允本想回绝,尚书仆射士孙瑞劝他说:"大事未定之前,不能露出破绽,不要担心被董卓加官晋爵,伺机而动,勿意气误事!"王允一听言之有理,便受命。为了便于操控朝政,董卓封其弟董旻为左将军,侄子董璜为侍中、中军校尉,加封董氏宗族许多人为官。公卿大臣见到董卓都要下车跪拜,朝廷各部门每日都要到董卓处汇报,董卓自比姜尚,经蔡邕极力劝阻才罢。他又在眉县修筑坞堡,存放大量搜刮来的财物,以及足够食用三十年的粮食,董卓说:"我平定关东,胜则雄踞天下,即使失败,则也能在眉坞平安终老。"

董卓胁迫献帝迁都到长安后,朝政更加混乱不堪。一次他要去眉坞,在宴会上,他将数百名诱降过来的士兵当众杀掉,参加宴会的人无不战战兢兢,而董卓谈笑自若。在董卓的操纵下,朝廷朝令夕改,《魏书》记载:董卓以"为子不孝,为臣不忠"为名,指派司隶校尉刘器登名造册，排除异己，这些人或被处死，或被没收财产。为了敛财，董卓下令销毁通行的五铢钱，改铸小钱，无内外廓，粗制滥造，字迹模糊不清，时人称为"无文钱"。"无文钱"的使用，导致通货膨胀、货币贬值、物价猛涨，出现"谷石数万（枚）"，百姓苦不堪言。

袁绍在献帝被董卓挟持长安后，不仅不积极营救，反而像董卓一样，准备另立新君，以便于自己控制，他选汉宗室幽州牧刘虞为皇帝。此时袁氏兄弟已经不和，袁术有自立之心，所以他假借忠义反对袁绍另立刘虞为帝。袁绍写信给袁术解释说："先前我与韩馥商量天下大计，要使海内见到中兴之主。如今长安名有幼主，其实并不是刘氏嫡血，百官都谄媚于董卓，我们只有另立圣明之君，这样天下太平就指日可待。你难道还有什么可疑虑的？况我袁氏宗族遭到董贼屠戮，袁氏后人岂能再北面事之？"袁绍以关东诸雄联名要立刘虞为帝，遭到刘虞的断然拒绝。

袁绍另立皇帝前曾向曹操咨询。曹操此前曾经拒绝王芬废立皇帝的建议，这次他再次向袁绍解释不能擅自废立的缘由。他说："董卓暴行世人皆知，天下人响应我们讨伐董卓，这是因为道义的力量。目前，皇帝年幼弱小，被奸臣控制，他又没有像昌邑王那样的过错，一旦另立皇帝，如何对天下解释？你们去另立新帝吧，我还是要单独继续讨伐董卓。"袁绍不了解其中的玄妙，反而认为曹操另有私心，一次饮酒时袁绍得到一枚玉印，就拿着这枚印向曹操肘部比画，意思是说曹操可将玉玺系在肘臂上了，来暗讽其觊觎帝位。曹操脸上虽笑笑，内心开始厌恶袁绍。袁绍还派人前往劝说曹操投靠自己："现在袁绍兵强马壮，其两子都已是豪杰，天下英雄谁能比得过他呢？"曹操听后大笑，开始暗暗计划将来如何灭掉袁绍。董卓作乱以来,曹操与袁绍理念差异逐渐明显,二人渐行渐远。

联兵讨伐董卓时,袁绍曾经问过曹操:"讨伐董卓如果失败,我们该如何东山再起?"曹操反问:"足下的意思如何?"袁绍答道:"我南据黄河,北守燕、代,兼有乌桓、鲜卑之众,然后南向争夺天下,这样就可以成功!"袁绍所谓南据黄河,北守燕、代,中间广大地区正是物产丰富、人口众多的冀州。不过,当门客逢纪向袁绍建议攻取冀州时,袁绍却踌躇不定,极不自信。他对逢纪说:"冀州兵强,我军饥乏,如果攻打不下来,我连立足的地方都没有了。"逢纪继续献计说:"冀州韩馥是一个庸才,我们可以暗中与辽东属国长史公孙瓒相约,让他南袭冀州。待他大兵一动,韩馥必然惊慌失措,我们再乘机派遣能言善辩的人去向他晓之以利害,不怕他不让出冀州。"

袁绍按照逢纪的意思写一封信送给公孙瓒。初平二年,韩馥部将麴义反叛,韩馥讨伐不利,袁绍派使者与麴义结交,同时,又请公孙瓒发兵南袭冀州,韩馥一战即败,果然手足无措。此时袁绍的说客高干、荀谌来到邺城。高干是袁绍外甥,荀谌与韩馥的关系也不错。他们劝说韩馥:"公孙瓒乘胜南下,诸郡望风而降;袁绍领兵到延津,其意图难以预料。目前形势对你很不利。"韩馥一听,急切地问有何妙计,荀谌不正面回答,反问道:"依将军估计,在对人宽厚仁爱方面,您和袁绍相比,表现怎样?"韩馥说:"我不如。"荀谌又问:"在临危决策、智勇方面,您和袁绍相比,又怎么样?"韩馥说:"也不如。"荀谌说:"恩德,使天下人得到好处,在这方面,您比袁氏又当如何呢?"韩馥摇摇头:"还是不如。"荀谌说:"公孙瓒率领燕、代精锐之师,兵锋不可抵挡,袁氏是一时英杰,冀州是国家赖以生存的重地,二人皆虎视眈眈,如果袁绍、公孙瓒联合进攻将军,将军危在旦夕。

袁绍是将军的旧交，您二人曾经是朋友，如今之计，不如把冀州让给袁绍，袁氏得到冀州以后，不仅会厚待将军，而且会和公孙瓒决裂，那时将军将会有让贤的美名，希望将军不要犹豫！"

韩馥生性胆小懦弱，缺乏主见，打算采纳荀谌的建议。长史耿武、别驾闵纯、治中李历劝阻说："冀州虽小，但有士卒百万，粮食充足，袁绍粮草大部分由我们供给，他如攻我，我们断其粮草补给，如同手捧婴儿，断其奶，就会立刻将其扼杀，为什么要白白把冀州让给袁绍呢？"韩馥解释说："我乃袁氏故吏，才干不如袁绍。古人都推崇量德让贤，更何况我们呢？"驻屯在河阳的韩馥都督从事赵浮、程涣听到消息，也急忙率军赶来，请求出兵抗袁，韩馥还是不从。最后，韩馥派人把冀州牧印绶送给袁绍。袁绍大喜，领冀州牧，送给韩馥一个奋威将军的空衔，袁绍的部下都官从事朱汉曾受到韩馥冷遇，他对此一直耿耿于怀。韩馥让出冀州，他就借故带兵包围了韩馥的住所，韩馥逃到楼上，朱汉杀死韩馥的长子。虽然袁绍后来杀死朱汉表达歉意，但韩馥心有余悸，投奔了张邈。在张邈府上，韩馥见袁绍派来了一个使者，对张邈附耳低语，韩馥预感到大难临头，最后以书刀自杀。袁绍得到冀州，从此实力大增，再无后顾之忧。

曹操虽然对形势洞若观火，但无奈自身实力有限，苦无良策。鲍信向他建议说："现在奸臣当道，皇室倾覆，能让天下人认可的就是道义。袁绍虽为盟主，但私欲太多，等于又一个董卓。我们要想打败袁绍，目前尚无实力，只能静观其变，等待时机。"曹操认为鲍信的话非常有道理，暂时蛰伏，静静地等待属于自己时机的到来。

第三章 平定中原（上）

一、收编黄巾军

黄巾起义、董卓废立汉帝以及西迁、军阀混战,造成民众大量死亡,对社会经济构成严重破坏。曹操《蒿里行》准确、形象地描述了当时的形势:

关东有义士,兴兵讨群凶。

初期会盟津,乃心在咸阳。

军合力不齐,踌躇而雁行。

势利使人争,嗣还自相戕。

淮南弟称号,刻玺于北方。

铠甲生虮虱,万姓以死亡。

白骨露于野,千里无鸡鸣。

生民百遗一,念之断人肠。

这首诗是借乐府旧题写时事,内容记述了汉末军阀混战的历史现实,真实、深刻地揭示了人民的苦难,堪称汉末实录。而另一首诗《薤露行》主要描写了董卓对洛阳的破坏。两首诗都反映了曹操对百姓疾苦的深深同情，对时局的重重关心。

　　初平二年，黄巾起义还没有完全平息，虽然规模不大，却此起彼伏。此时一支黑山起义军攻打东郡（治濮阳，今河南省濮阳市西，辖境包括鲁西及豫东北）。这真是天赐良机——曹操正好可以利用征伐黄巾军余部的时机逐渐壮大自己的军队。曹操带领军队支援东郡太守王肱，在濮阳击败黑山军，袁绍顺水推舟上表皇帝让曹操任东郡太守。扬州九江郡太守刘邈到达长安后，也在汉献帝面前极力夸奖曹操忠于朝廷。正是在这一年，曹操一生之中最重要的谋士出现在他的面前，就是被称为"王佐之才"的荀彧。

　　荀彧出身于颍川荀氏，祖父荀淑乃知名大儒。荀淑有八子，号称"八龙"。荀彧的父亲荀绲为荀淑次子，曾任济南相。荀绲忌惮宦官，曾经让荀彧与中常侍唐衡攀亲。南阳名士何颙见到荀彧，大为惊异，叹为"王佐之才"。董卓作乱之后，荀彧弃官归乡，对父老说："颍川是四战之地，如果天下有变，此地不宜久留。"可见他的战略眼光。由于怀恋故土，大多数乡邻不愿离去。恰好冀州牧韩馥派人迎接荀彧，乡邻无人相随，荀彧只得将宗族随自己迁至冀州避难。荀彧到达冀州时，冀州已被袁绍所得。袁绍见荀彧到来，非常高兴，待之为上宾，荀彧弟荀谌和同郡辛评、郭图也都在袁绍幕下。荀彧私下认为，袁绍终究不能成大事。初平二年，荀彧毅然离开袁绍，投奔曹操。曹操见荀彧来投，高兴地说："你就是我的张良啊！"此时荀彧年仅二十九岁——二十九岁的荀彧与三十五的曹操相遇，是智慧与胆略的完美结合。此时董卓权倾天下，曹操问荀彧如何看待董卓。荀彧回答说："董卓过于残暴，其结局必然是灭亡，难有大的作为。"

　　初平三年（192 年），黑山军攻打东武阳，此时曹操正屯兵顿丘

（今河南清丰西南），众人都认为应该回撤援救武阳，曹操却说："孙膑救赵而攻魏，耿弇欲走西安攻临淄。假如敌人听说我们进攻他们的大本营，武阳自然就解围了。"于是，曹操率军攻打黑山军本部。黑山军果然被迫放弃攻打东武阳，曹操在半路伏击，打败黑山军，收编了大批人马。

此时，在长安，董卓越来越不得人心，司徒王允准备刺杀董卓。初平三年春天，大雨连下两个多月，洪水泛滥，王允和士孙瑞、杨瓒等人商讨乘机谋杀董卓。士孙瑞说："自从去年岁末以来，淫雨连绵不断，这种暗无天日也必须结束。现在，杀掉董卓时机已经成熟。如果不先发制人，恐怕为人所制。"王允非常赞同士孙瑞的意见，决定伺机行动。然而，董卓防范森严，再加上他本人凶残异常，如果准备不充分，恐怕后果难料。王允了解董卓与其干儿子吕布之间心存芥蒂，便秘会吕布。吕布认为自己是董卓义子，不便反叛董卓。王允劝说吕布："你姓吕，他姓董，本不同姓，何来父子？"最终吕布被王允说服答应下来。初平三年四月二十三日晨，董卓乘车上朝拜见献帝，吕布护卫。董卓车队行至北掖门外时，李肃等人突然刺杀而来，由于董卓平常加强防备内穿铠甲，即使被刺下车，只是受到轻伤。董卓大呼："吕布安在？"此时吕布掏出早已准备好的诏书，喊道："有诏讨贼！"董卓大骂吕布："庸狗！"吕布随即上前斩杀董卓。董卓被杀，消息一传开，百姓都高呼万岁，载歌载舞，有的甚至买酒庆祝。

身为诛杀董卓的首要功臣，王允受到广泛的赞誉后有点忘乎所以，每当群臣集会，他总是正襟危坐，一脸严肃，群臣也逐渐看不惯其居功自傲。蔡邕曾受董卓器重，他也尽力匡正董卓的倒行逆施，但是，董卓很少接受他的建议。蔡邕曾对堂弟蔡谷说："董卓性格暴虐,终究不能成大事。我想到兖州,可是路途遥远,我打算逃到河南,如何?"蔡谷说:"您名声太大,要想躲过乱世,难!"董卓被杀时,蔡邕正好和王允在一起,由于感到意外,脸色一变,不由自主地发出一声叹息。王允大怒,斥责蔡邕:"董卓乃国家奸臣,罪无可赦,你身为天下名士,应该为讨国贼高兴,竟因私人恩惠,为他感到痛惜,这难道不是与董卓为伍吗?"不容蔡邕分辩押入大狱。

蔡邕有口难辩,但是,想到自己还有未完成的汉史,于是谢罪以图保全生命,士大夫们也都同情蔡邕,纷纷替蔡邕求情,王允毫不动情。太尉马日磾对王允说:"蔡邕乃旷世奇才,特别是对本朝故事了如指掌,应该让蔡邕完成史书这个愿望。何况蔡邕以忠孝闻名于天下,杀掉蔡邕,恐怕人心难安!"王允反驳说:"武帝当年不杀司马迁,结果导致谤书流传后世。如果再让蔡邕像司马迁那样,既对教化天下毫无益处,而且还可能使我们这些人遗臭万年!"马日磾无奈,对别人说:"善待贤能是维持和发展国家的命脉,要使文化典籍得以流传,就得重视人才。王允如果这样不重视贤才,导致经典失传,岂能长久?"经学大师郑玄听闻蔡邕的死讯后,叹息道:"汉朝国事没有人来考证了!"

董卓死后,朝廷对各地豪强毫无约束。初平三年,实力很强的青州黄巾军攻打兖州,兖州刺史刘岱迎击黄巾军,鲍信对他说:"现在敌人正盛,百姓对之恐惧,而士兵毫无斗志,不宜与敌人对攻。敌军粮草极为困乏,靠掠夺维持给养,我们不如养精蓄锐,坚守城池,敌人攻城不成,徒增伤亡,待其气势低落再出击,定能打败他们。"刘岱不听鲍信的意见,结果兵败被杀。

刘岱死后,鲍信、陈宫共迎曹操过来担任兖州牧。《世说新语》

记载，陈宫对曹操说："目前兖州无主，朝廷又与这儿隔绝，我去游说大家拥戴您为兖州牧。您一旦得到兖州，就可以此为基础称霸天下。"曹操听后大喜。陈宫对兖州的官员说："诸君，兖州现在无主，而曹操乃命世之才，若能迎他来统领兖州，一定能让百姓安居乐业。"兖州官吏也认为陈宫言之有理，于是曹操顺势就任兖州牧。曹操任兖州牧后征召程昱，程昱将行，其乡邻说："以前刘岱请你时，你以疾请辞，如今为何？"程昱笑而不答，其实，他内心已看好曹操。

为了得到朝廷认可，曹操把自任兖州牧的事情上奏朝廷。已经控制朝廷的李傕、郭汜认为曹操派人来，只不过试探虚实，于是，二人打算扣留曹操派来的使者。钟繇劝阻说："当今英豪并起，皆假托帝命雄踞一方，只有曹操忠于汉室。如果拒绝其诚意，会让其他人大失所望。"郭汜听从钟繇的建议，进而优待曹操的使者，曹操得到朝廷的初步认可。

曹操占据兖州之后，接着就进攻寿张的黄巾军。由于黄巾军作战经验丰富，而曹军多为新兵，所以初战即败。曹操决心智取，他断定黄巾军得胜后一定会轻敌，决定在寿张设伏黄巾军。曹操与鲍信先力战黄巾军，而援兵迟迟未到，鲍信为救曹操被黄巾军杀害，时年四十一岁。曹操立即悬赏寻找鲍信的遗体，可惜没找到，曹操便刻木像来纪念。失去了艰难时刻信任自己的鲍信，曹操极为悲痛。待援军赶到，曹操身披甲胄，亲自巡营激励士卒，于是士气大振，终于打退黄巾军。黄巾军见势不妙，写信给曹操希望和解："我们之间无须互相攻打，因为有相同之处，在济南时候，我们都曾经捣毁过祭祀的神坛。如今汉朝气数已尽，天运非你一人所能阻挡。"曹操看后大骂："反贼岂能与我相提并论？"曹操向黄巾军暗示投降可以有条活路,可是黄巾军毫不理睬,于是曹操进攻黄巾军。然而,朝廷并不认可曹操为兖州牧,下诏任命京兆人金尚为兖州刺史。金尚前来上任,被曹操痛击,不得已投奔袁术。

如何处理董卓所部凉州兵既是军事问题也是政治问题。王允才智平庸,本想赦免董卓的部属,但又进行惩戒,以显示自己的权威,他对群臣说:"这些人本无罪,只是听从董卓才犯下恶行。如果赦免他们,反而让他们猜疑,不如对他们稍做惩戒。"吕布提出把董卓的财物赏赐给公卿、将领,以安抚人心,王允不准。吕布自认为诛杀董卓应居首功,所以二人渐渐不和。王允企图削夺凉州兵将领的兵权,有人提醒王允说:"凉州兵素来强悍,夺取他们兵权,凉州兵会人人自危,容易引起兵变。皇甫嵩素有威望,不如任命皇甫嵩为将军来统领凉州兵,以安抚军心。"王允不听。

董卓被杀之后,凉州兵将领成了惊弓之鸟,当他们得知王允要削夺他们的军权,解散凉州兵,于是决定与其坐以待毙,不如放手一搏。凉州兵中最有影响力的将领是李傕和郭汜,武威人贾诩当时在李傕军中任职,他向李傕建议说:"现在长安,人人都说欲诛杀凉州人,各位如果弃军单行,那么一个小小的亭长就能杀死你们,因此,不如率军东进,攻下长安则可以得到天下,即使失败也能掠夺一点钱财。"部下纷纷响应,于是李傕和郭汜率领几千士兵日夜兼程攻向长安。此时,王允手下无将,只得派董卓旧将徐荣、胡轸在新丰迎击,结果徐荣战死,胡轸投降。李傕等人沿途收集人马,到达长安时已有十余万人,不久长安被攻陷。李傕和郭汜在长安与吕布激战,吕布兵败出逃,他招呼王允准备一同向外逃走。王允对吕布说:"我的愿望是国家安康,如果愿望未遂,我愿以死来报效国家。皇上少不更事，现在国家又遭此灾难，此时抛弃皇帝，于心不忍。况且，是因为我导致逆贼来攻，罪不容诛。请你以后要多念及朝廷！"说完便扶着汉献帝逃到宣平楼。李傕、郭汜追到宣平门下，叩拜献帝。献帝壮起胆子训斥道："尔等目无王法，祸乱京都，意图何为？"李傕答说："董太师对陛下忠心耿耿，反而遭小人杀害，我等只想替太师讨回公道，并非造反。待处决凶手后，我们愿意接受审判。"王允向汉献帝行礼后便走下了城楼，被李傕、郭汜当场处决。

　　初平三年十二月，长安陷入混乱之时，曹操在寿张击败黄巾军，随后又在济北再次击溃黄巾军，黄巾军主力向曹操投降。投诚后的青州黄巾军连家眷在内共百余万人，曹操选其中三十万身强体健者编成青州兵。这三十万青州兵是曹操挖掘的真正意义上的人生"第一桶金"——他的力量从此才真正强大起来。经过曹操的训练后，青州兵战斗力大增。此时公孙瓒应袁术请求，派刘备、单经、陶谦发兵攻打袁绍。为了彰显实力和攻夺地盘，曹操便率领青州兵与袁绍一起，打破袁术精心设置的包围，可以说曹操的青州兵首战告捷，旗开得胜。

二、群雄逐鹿

　　初平三年，袁术与袁绍不和，袁术自知实力不如袁绍，于是联合公孙瓒、刘备、陶谦，共同对付袁绍。袁绍担心双拳难敌四手，他看到曹操此时实力今非昔比，就邀请这位"发小"来帮忙。此时曹操也心中自有打算，他不仅想保住自己的根据地，还想乘机扩大地盘和影响力，于是欣然答应袁绍的要求。初平四年春，曹操移军鄄城（今山东省鄄城县北旧城）。袁术领兵驻扎在封丘（河南省东北部），并派部将刘详驻守匡亭（今河南省长垣县西南）。曹操率兵攻打刘详，引来袁术带兵救援，双方激战，结果曹操大获全胜。袁术退守到封丘，曹操率军将其包围，还未形成合围，袁术就已逃跑，曹操从襄邑、太寿、宁陵一直追赶其到九江郡（今安徽省寿县）。于是，曹操领兵攻打寿春（今安徽省寿县）。由于寿春城墙高大，易守难攻，曹操便采取水淹的方法，最终攻陷寿春。袁术又逃到扬州地境，杀了扬州（驻地今江苏扬州，管理范围包括今江苏的江南、安徽的淮河以南）刺史并取而代之，才缓过神来。

由于后方还未完全稳定，一时又无法彻底消灭袁术，所以初平四年夏天，曹操率军回到定陶（山东省定陶县西北）。由于李傕、郭汜之乱，再加关东诸侯交战不休，关中、冀州、兖州、豫州等地生灵涂炭，而徐州相对太平，因此四方流民集聚徐州。豪强对"百姓殷盛，谷米封赡"的徐州都垂涎不已。徐州牧陶谦之所以选择与袁术、公孙瓒为伍，出于以下考虑：徐州北接青、兖两州，直接面对曹操。自袁绍吞并冀州，陶谦意识到徐州正处于袁、曹军事的直接威胁范围，而公孙瓒在幽州，袁术在南阳，幽州、南阳显然对徐州并不构成威胁，这二人与袁绍、曹操处于敌对状态，因此，也可以利用他们牵制袁、曹，对保护徐州有利。另外，陶谦任幽州刺史时，与公孙瓒就已经相识，中平二年（185年），在张温讨伐边章之战中，陶谦、孙坚、公孙瓒三人同为张温部下，属于故交。

初平二年，孙坚曾入洛阳，战董卓。百忙之中他仍然派遣朱治东助陶谦讨黄巾，可见孙坚和陶谦友谊之深；公孙瓒北败乌桓、南破黄巾，可见二人都是当世名将。与袁绍、曹操的实力相比，公孙瓒一方貌似更为强大，陶谦的选择不可谓不明智，可惜陶谦并没有认识到曹操"行军用师，大较依孙吴之法，而因事设奇，谲敌制胜，变化如神"。初平三年，两大集团间先后发生了数次战争，孙坚死于刘表军士箭下，这对陶谦一方无疑是重大打击。随后，袁绍被公孙瓒打败，公孙瓒乘胜攻下许多郡县，他派青州刺史田楷占据齐地。在公孙瓒攻打袁绍的同时，刘备屯高唐（今山东省高唐县）、单经屯平原（今山东省平原县）、陶谦屯发干（今山东省堂邑县）迫近袁绍，袁术从南阳出兵进攻袁绍。东、南、北三面同时逼近袁绍、曹操，结果竟被袁绍、曹操联兵各个击破，公孙瓒逃回幽州不敢南下。初平四年春，袁术联合黑山、匈奴兵和曹操争夺兖州，再次被曹操打败。

初平四年秋，曹操乘胜攻下陶谦十余座城池，杀死数万人，陶谦守城不出。后因供给不足，曹操无奈退兵。曹操攻伐陶谦的原因，公私兼备：既为了拓展地盘，也是为了报杀父之仇。《后汉书》记载：曹嵩在泰山准备带家眷到兖州去投奔曹操，曹操令泰山太守应劭去迎接、护送曹嵩。应劭兵未到，由于陶谦怨恨曹操攻打自己，所以暗中派部队追捕曹嵩。曹嵩认为是应劭派人来接应，没加防备，陶谦的士兵首先把曹操的弟弟曹德杀掉，曹嵩翻后墙逃走。他让小妾先跑，由于小妾太胖，跑得太慢，结果曹嵩和小妾在厕所里都被杀害，应劭也因失职投奔袁绍。

兴平元年（194年）秋，曹操再次起兵讨伐陶谦。袁绍派大将朱灵率兵援助曹操，朱灵说："真乃明主！"于是跟随曹操。曹操的青州军是昔日被陶谦赶出徐州的黄巾军，攻打陶谦积极性空前高涨，势不可当。曹军先后攻拔陶谦十余城，于禁攻克广威沿泗水直逼徐州，曹仁攻破陶谦部将吕由，与曹操合兵共击陶谦。最后陶谦大败，不得不逃离徐州，退守郯城（今山东省郯城），曹操乘机攻破彭城（今江苏省徐州市）、傅阳（今山东省峄县）。曹操在这次攻伐之后做出一个非常残暴的行为：大肆屠城。史书记载，长安、洛阳、三辅地区的百姓先后遭董卓、李傕之乱，向东流亡多在徐州范围。曹操攻下徐州之后，屠杀无辜百姓十万人，泗水为之不流。东吴人撰写的史书《曹瞒传》记载，经过曹操屠城"鸡犬亦尽，墟邑无复行人"。徐州下辖琅琊、东海、下邳尽为曹军杀戮，只有广陵幸免于难。下邳相笮融带领百姓万人、马三千匹南走广陵。

伤及无辜也使曹操失掉部分人心，一些人不再视曹操为匡世济民的英雄，张邈、陈宫都先后离开曹操投靠吕布。曹操、袁绍原本都是张邈的朋友，汴水之战后张邈归附曹操。张邈因为与袁绍曾经有矛盾，袁绍几次想让曹操杀张邈，曹操没有听从，并责备袁绍说："张邈乃我故友，如今天下大乱，豪杰不应自相残杀！"张邈知道后，对曹操非常感激。初平四年，曹操在征讨陶谦前甚至对家人说："万一我出征不归，你们可以去投靠张邈。"吕布离开袁绍去投奔张杨途遇张邈，二人相谈甚欢，袁绍听说后非常气愤，此时曹操与袁绍联盟，张邈担心曹操替袁绍报复自己，内心不安。

兴平元年，曹操征讨陶谦屠城时，张邈弟张超与陈宫、许汜、王楷一起，都认为曹操为人残暴，于是商议背叛曹操。陈宫劝张邈说："当今雄才四起，天下纷争，您拥有广袤土地和众多兵士，乃人中豪杰，为什么要受制于人呢？当下，曹操率军东征，兖州城内空虚，而吕布勇猛非常，我们如果联合他，一起进攻兖州，或许可以做出一番事业！"张邈听从了陈宫的意见，派刘翊对驻守甄城的荀彧说："吕布正在帮助曹操攻打陶谦，想来这借点军粮。"荀彧估计张邈想乘机作乱,一方面加强城墙战备,另一方面紧急通知夏侯惇尽快来增援。当时曹操率领大部分军队征讨陶谦,留给荀彧的兵力非常少,当时许多官吏都暗通陈宫、张邈。幸亏夏侯惇赶到,他立即杀掉企图叛乱的数十人,稳住了甄城的局面。豫州刺史郭贡此时也想趁乱打劫,带领几万人来到城下,点名要荀彧出城相见。荀彧准备出城会见,夏侯惇担心荀彧安危,阻其出城。荀彧认为,郭贡到达此地速度极快,未必与张邈同谋,趁其犹豫未决,晓以利害,劝其退兵;如果据城不出,郭贡一旦与张邈合谋攻城,反而不利。于是,荀彧坦然去见郭贡。郭贡看到荀彧毫不畏惧,认为甄城已经做好充分防备,才悻悻离去。荀彧对程昱说:"现在兖州面临叛乱,目前只有鄄城、范县、东阿三城比较可靠。陈宫等人兵临城下,我们如果不团结一心,这三个城早晚必将生变。您如能劝说其他二城,就可高枕无忧了。"

程昱于是返回东阿,路过范县,他对县令靳允说:"听说吕布拘捕您的父母、妻子以及亲人,作为孝子您与他有不共戴天之罪!今天下大乱,英雄并起,必定会有命世之才出现,更需要智者审慎选择,得明主昌盛,失明主则一定败亡。陈宫叛变迎接吕布,众人不辨是非跟随响应,然而,吕布有勇无谋,刚愎自用,不过匹夫之勇。陈宫等人以势利相交,必不能长久,他们兵士虽多,最终必定失败。曹操智慧韬略,世所稀有,乃上天神授。您一定要固守范城,而我让人死守东阿,像田单那样收复失地的功劳就可以建立。"靳允流着眼泪说:"请君放心,不敢有反叛之意。"程昱派骑兵堵住仓亭津渡口,使陈宫无法渡河。

程昱到了东阿,东阿县令枣祗已率领官民坚守城池,等待曹操返回救援。甄城是曹操军需物资重地,有荀彧、程昱两大谋士守城,夏侯惇又有万夫之勇,所以吕布始终未能攻下甄城,转而向西屯兵濮阳。曹操听到后大喜,说:"吕布没有占据东平、亢父、泰山郡的险要以隔断要道,反而屯兵濮阳!我早就知道此人平庸无为!"甄城、东阿、范县三郡构成三角形,东平、亢父正好从中间基本上隔断三郡,吕布如果占据东平,就可以阻挡曹操从徐州回到大本营,所以曹操才有此言,况且吕布当时并未实际控制那些响应他的城池。

曹操派兵攻打吕布,双方在濮阳展开大战,吕布骁勇异常,亲自披挂上阵,双方军队从早晨打到午后,相持不下。曹操的勇士典韦带领几十个勇士穿上双层铠甲,舍弃盾牌,只拿长戟,冲锋陷阵。吕布士兵万箭齐发,像雨点一样飞来,典韦毫不畏惧,勇猛异常,他对部下说:"敌人离我十步的时候再告诉我。"部下说:"已经十步了!"典韦又说:"五步再告诉我。"部下都大声疾呼:"敌人在身后啦!"典韦手握铁戟,杀向敌兵,敌兵无不应声而倒。

吕布于是改变战术,采用骑兵冲垮曹操的青州兵,再加以火攻,曹操猝不及防,烧伤左掌,落荒而逃。吕布并不认识曹操,追击过程中无意遇到曹操,就问:"是否曹操?"

曹操回答道:"前面骑黄马者!"于是曹操得以逃脱。

曹操逃回甄城,心有余悸,握着程昱的手说:"如果不是你,我连安身立命的地方都没有了!"他上表汉献帝,奏请任命程昱为东平相。

曹操回到大营后,安慰将领说:"吕布能力平庸,我们虽然暂时被他打败,但是,肯定会东山再起,大伙看我如何彻底击败吕布!"曹、吕双方展开拉锯战,相持百余天,最后由于蝗虫灾害,双方军队都因为给养困难自动撤兵。

由于曹操占领的地盘又丧失殆尽，于是袁绍使人游说曹操联合，希望曹操能迁居邺城。曹操眼见兖州新失，军粮将尽，准备答应袁绍要求。程昱听说后赶忙过来劝阻曹操："将军的决定怎能如此糊涂？袁绍占据燕、赵之地，有吞并天下之野心，将军甘愿以奴仆事之？您岂能臣服于他人？兖州虽破，尚有三城可守，兵士不下万人，以将军之神武再加上我和荀彧等人协助，收复故城轻而易举！希望将军重新考虑！"曹操幡然醒悟，拒绝与袁绍合作。

纵观曹操的一生，在其失策之时，往往能采纳谋士的正确意见。这也是他不断获得成功的原因之一。

兴平二年（195年）夏，发生饥荒，甚至出现了人吃人的现象。陶谦病重，他对别驾糜竺说："只有刘备才能安抚徐州。"陶谦死后，糜竺率徐州官吏和群众迎接刘备为太守。刘备起初不愿意接受，在陈登、孔融的再三劝说下，遂领徐州。

曹操计划乘徐州新易主人之际，先攻徐州，再平吕布。荀彧说："昔日高祖坚守关东、光武占据河内，都是先巩固基业再控制天下，这样进可制胜，退可固守，即使暂遇困境，终能完成大业。将军靠兖州起事，平定祸乱，使百姓心悦，况兖州乃天下要塞，现虽然残破，但足以自保，占稳兖州乃首要之务。我们现在要乘机收麦，储备粮食，先击败吕布，然后南向讨袁术，控制淮水、泗水。如果舍弃吕布而东攻徐州，多留兵则攻城兵力不足；少留守兵，则城池容易失手。如果吕布乘机杀掠，兖州民心将更加恐惧，那时就等于失去兖州。一旦徐州久攻不下，将军何处安身？陶谦虽死，民众反而更紧密团结，一致对外，徐州未必容易攻破。现正值麦收，他们必会坚壁清野以待将军，将军久攻不下，粮食又无所获，不用多久，人马就已困乏。上次您对徐州惩罚过重,徐州子弟想到父兄被杀,必会誓死抵抗,不会有投降之心。希望将军仔细权衡!"曹操于是打消进攻徐州的念头,下令军队收割麦子,厉兵秣马,准备与吕布交战。

曹操在稍加整顿军备后再次向吕布发动进攻。他首先进攻在屯兵巨野的吕布部将薛兰、李封,吕布与陈宫带领数万人前来救援。由于曹操派出一部分兵力去收割麦子,兵力不足,就让妇女拿起兵器留守军营。曹操军营西有大堤,树林茂密,吕布率领救兵来到,怀疑曹操在此埋伏,说:"曹操狡猾奸诈,切不可中其埋伏。"于是下令退兵。第二天,曹操将计就计,让士卒埋伏在大堤,以少数兵去诱敌,结果大败吕布。在这次战斗中,夏侯惇的眼睛被箭射中,他当即拔出吃掉,说"父精母血,岂能丢失",继续顽强战斗。

曹操攻破薛兰、李封后一路追赶吕布,吕布投奔刘备,张邈和弟弟张超退守到雍丘,曹操派兵团团围住雍丘,张超眼看无路可逃自杀而亡,曹操屠张邈三族。后张邈逃奔袁术,结果反而被袁术所杀。张邈与陈宫同样背叛曹操,陈宫背叛是因为曹操杀吕伯奢,而曹操曾经对张邈极为信赖,所以他对张邈的叛乱忌恨更深。不到一年半的时间,兖州全境又重新恢复到曹操的掌控之中,如此结局,荀彧、程昱可谓居功至伟。

这一年十月,献帝降旨,拜曹操为兖州牧,此时曹操的兖州牧身份才完全得到了朝廷的认可。曹操上《领兖州牧表》称谢:"我在内掌管朝廷重兵,在外征伐。曹氏几代蒙受皇帝恩宠,未敢吝惜生命,故率领士卒讨伐叛逆。然而,叛乱还未平息,愧受如此爵禄。功劳未建,而待遇过高,故担心受到讥笑。"在上表时,曹操献上山阳郡名产甘梨三箱给汉献帝,以表达感谢和忠心。

三、挟天子以令诸侯

起初，曹操任兖州牧的时候，毛玠就向曹操建议说："天下分崩离析，皇上被奸臣所控，百姓饱受饥饿和流亡之苦，国库亏空。袁绍、刘表虽表面强大，但无远虑。战争靠义才能取胜，现在我们需要做的是尊奉天子以令天下、耕田种植以储军资，唯有这样才能成就霸业。"曹操高度认同毛玠的建议。

兴平二年，张杨由于朝贡粮食而被朝廷封为安国将军。曹操想借道张杨去拜谒汉献帝，张杨犹豫不决，董昭劝张杨说："袁绍、曹操表面上和睦相处，但是，不会长久联盟。曹操乃天下英雄，您应当有意与他相交。应趁此机会，不仅助他联络朝廷，而且还要上表荐举。"张杨听从董昭建议，上表荐举曹操。董昭又替曹操写信给控制汉献帝的李傕、郭汜等人，表示问候。为表达感谢，曹操赠给张杨许多钱财，从此曹操与朝廷有了初步联系。

其实，"挟天子以令诸侯"并非毛玠独创，沮授此前曾劝说袁绍："将军世代为朝廷重臣，现在天子四处颠簸，宗庙毁坏殆尽，纵观天下豪强，外举义兵招牌，其实各怀心思，没几个真正为社稷担忧。冀州人心归附、兵强马壮，如果西迎天子，以邺为宫，挟天子而令诸侯，讨伐不服，谁能抵挡？"袁绍觉得言之有理，准备采纳沮授的计策。可是，郭图和淳于琼坚决反对："汉朝衰败非一朝一夕，重振王室并非易事，现在正如秦失天下，群雄逐鹿，如果迎接天子，遇事动辄就要奏闻天子，服从则受制于人，不服从则违抗君令，进退两难。"沮授辩驳道："迎接天子符合道义。如果不早做决定，必为他人所先，机不可失，失不再来。"袁绍志大智小，最终没能采取沮授的意见。在迎接、控制汉天子上，吕布也有机会，《英雄记》记载，汉献帝在河东时，曾经亲自写信让吕布来迎接，但是，吕布认为自顾不暇，拒绝了汉献帝的请求。

曹操重新掌控兖州后，此时汉献帝已从长安到了洛阳，在路上受尽艰难险阻，食不果腹——权倾天下的大汉天子现在无人问津。

奉迎天子的机会就摆在了曹操的面前。曹操虽占据了兖州，但兖州破败，经济基础不行，其实力尚不如袁绍、刘表，于是曹操最终下定决心迎接献帝，占有一个道义的高地。有些将领不理解，荀彧劝曹操必须当机立断："自天子流亡，您是第一个举义勤王之人。只是因为您平定许多叛乱，才无暇去救护皇上，即使这样，您仍然克服艰难派人前去慰问。匡扶汉室本来就是您的志向，现在皇舆归来，有义之士都向往朝廷，百姓向往太平生活，因此现在应立即顺应民愿、尊奉天子，让天下信服，树立大德。"

毛玠与荀彧虽然都劝曹操迎接天子，二人的动机却有差异：毛玠的建议是政治谋略，而荀彧的建议是政治信仰。听到这二人的建议后，曹操派曹洪带兵迎接汉献帝，由于受到董承与袁术派将阻拦，曹洪暂时无法联络献帝。

兴平二年，西凉兵内部开始分化。原先董卓旧部樊稠向李傕索要更多的兵力，李傕顾忌樊稠勇猛，反而派人刺死樊稠，兼并其兵力。此后，李傕与郭汜也开始相互猜忌。李傕常在家中宴请郭汜，郭汜妻子怕李傕送婢女给郭汜，于是就挑拨他们的关系。一次，李傕送酒菜给郭汜，郭汜妻子在酒菜中下毒，并提前试毒给郭汜看，从此郭汜开始对李傕起了疑心。二人互有攻伐，汉献帝派人劝和，二人不听。安西将军杨定畏惧李傕,与郭汜合谋欲劫持汉献帝,但计划泄露,李傕派其侄子李暹率兵包围皇宫,想控制献帝。杨彪对李暹说:"自古帝王从没有依附于人臣,诸位这样做等于大逆不道。"李暹说:"此乃将军主意。"杨彪只能跟随献帝到了李傕大营。不久献帝派杨彪及公卿前往郭汜大营再次劝和,不料郭汜将杨彪和司空张喜、大司农朱儁、卫尉士孙瑞、太仆韩融等人扣为人质。杨彪说道:"你们互斗,一人劫持天子,一人劫持公卿,岂有此理?"因为刘家天下的正统观念还支配着人心,谁能把皇帝掌握在自己手中,谁就能使自己的行动合法化。郭汜要杀掉杨彪,中郎将杨密力劝郭汜,杨彪才幸免于难。由于长安城长期战乱,当时一斛谷五十万钱、豆麦二十万钱,甚至出现人吃人的现象。光天化日,长安城里也有人抢劫。朝廷下诏开仓济民,然而,死的人丝毫不见减少,于是汉献帝怀疑有人监守自盗。

兴平二年六月,张济率兵赶到长安来调解李傕与郭汜,二人终于罢兵并解除对汉献帝的禁锢。由于担心留在长安始终会被李傕、郭汜控制,于是,兴义将军杨奉与安吉将军董承在七月护送汉献帝前往洛阳。很快,李傕、郭汜后悔放掉汉献帝,于是,又来追赶。由于护驾献帝的兵马本来就很少,汉献帝只能匆忙逃亡。当时蝗虫四起,天下大旱,颗粒无收,随从官员只能以野菜、野枣充饥。君臣开会时,皇帝车驾停在荆棘草丛中,士兵就围着篱笆外观看,嘻哈不已,犹如看戏。武将专横,甚至擅自杀死尚书;有的将领派奴婢代替自己议事;有的经过天子住处大呼或叫骂,吏士不敢阻止。为了笼络人心,朝廷只能不停地封官加爵;由于封官太多,御史只能画印,此种乱世景象令人扼腕叹息。

196 年,汉献帝改元建安。这一年曹操带兵到达武平,二月,曹操大败黄巾军,实力大增,影响巨大。为了寻求支援并笼络曹操,献帝加封曹操为建德将军。

六月,议郎董昭帮助曹操在朝疏通各种关系,他以曹操名义示好当时掌控朝政的车骑将军杨奉,杨奉也十分高兴,说:"曹操兵足粮多,洛阳离曹操大本营许昌很近,曹操值得信赖。"杨奉还荐举曹操为镇东将军,并让其袭爵为费亭侯,想借此拉拢曹操。曹操上表《上书让封》说:"我扫强除叛,平定兖、青二州,朝廷认为全部是我的功劳,对我赏赐。从前萧何因为在后方支援前线被认为功劳第一;邓禹因为助光武帝平定河北,得赏几个城池。祖父曹腾只是跟随皇銮服侍而已,就被封为费亭侯,他既非谋臣,又无战功,到我已经三代都受封费亭侯。《易经》上说祖上有大的功德,子孙后代才能世袭俸禄。陛下给我的荣誉实在太大,受之有愧。"

建安元年(196 年)七月,献帝终于回到洛阳。此时的洛阳经历战乱,破败不堪,宫室尽毁,荆棘丛生,君臣们饥肠辘辘。汉献帝令尚书郎以下的官员寻找食物,有的官员就饿死在残垣断壁之间,有的被乱兵杀死。此时,各方豪强没有一个前来接应和帮助,对此情景,曹操在《善哉行》(其二)中描述道:

> 自惜身薄祜,夙贱罹孤苦。
>
> 既无三徙教,不闻过庭语。
>
> 其穷如抽裂,自以思所怙。
>
> 虽怀一介志,是时其能与。
>
> 守穷者贫贱,惋叹泪如雨。
>
> 泣涕于悲夫,乞活安能睹?

我愿于天穷,琅邪倾侧左。

虽欲竭忠诚,欣公归其楚。

快人由为叹,抱情不得叙。

显行天教人,谁知莫不绪。

我愿何时随? 此叹亦难处。

今我将何照于光曜? 释衔不如雨!

　　在这首诗中,曹操表达了忠于汉室、同情民瘼的感情。司隶校尉丁冲给曹操写信说:"你如真想匡扶汉室,现在机会就在眼前。"在董承、丁冲的策应下,曹操到达洛阳朝见天子,送来周济物资,并负责整个洛阳守卫。曹操问计董昭:"我下一步应当怎么做?"董昭说:"将军起义兵,诛暴乱,朝天子,辅佐王室,可比肩春秋五霸。但是,人心不同,其面如异,大家未必都肯服您。留在洛阳,从长远看对您并不利,只有转移圣驾到您的许县才最合适。当然,朝廷刚回旧都,又要迁移,众人肯定会议论纷纷,然而,做非常之事,就该有非常之举措,希望将军早作决断。"曹操说:"我本意也是如此。但是,杨奉队伍精良,护送皇帝回到洛阳有功,他岂能听从与我?"董昭说:"杨奉缺少援助,自然考虑这个建议。另外,你被封为镇东将军、费亭侯,杨奉在其中也都力荐,你应该给他送上厚礼,并告诉他说:洛阳现在缺乏粮食,现在只是圣驾暂移。杨奉勇猛无谋,一旦事成,何足为患?"曹操说:"妙!"

　　汉献帝对曹操前来援助内存感激,立即给他殊遇,允许曹操假节钺,并兼职司隶校尉,监控中央官吏。曹操上奏献帝,封董承等人为侯。

　　建安元年九月,曹操迎汉献帝到许县(今属许昌)。史书记载:

"庚申,车驾出镮辕而东,遂迁都许。己巳,幸曹操营,以操为大将军,封武平侯。"杨奉很快也很后悔,与韩暹等人带兵骚扰曹军。曹操沉着应战,打败了杨奉、韩暹,二人向东投奔了袁术。

曹操迎接献帝到许昌以后,不到一年,其官职历经司隶校尉、尚书、世袭费亭侯、大将军、武平侯、司空行车骑将军等。曹操利用其权势影响主要做了两件事:

一是招引贤才。得到大量人才的扶助,是曹操走向成功的重要条件之一。曹操听说颍川颍阴(今河南省许昌)名士荀攸声名远著,于是去信相邀,说:"现在天下大乱,正是智谋之士为国效劳之机。君有高才,却做旁边看客太久,理应积极参与,以成就一番大事业!"荀攸是荀彧的侄子,叔父在曹营,而且曹操正辅佐汉献帝,于是荀攸欣然投奔了曹操。曹操非常高兴,他对荀彧说:"有你和荀攸谋划,天下还有什么可以担忧的事情?"

建安元年,曹操一位谋士戏志才去世,伤心之余,曹操写信给荀彧,让他推荐贤才接替戏志才,荀彧就将好友郭嘉推荐给曹操。曹操召见郭嘉,与他共论天下大事,听到郭嘉的高见,曹操情不自禁地说:"能帮助我成就大业的人就是你!"郭嘉也认为遇到贤主,欣慰地对别人说:"曹操才是我拥戴的真正明主!"凭借强大的政治向心力,曹操精英谋士幕僚团队就这样逐渐形成且不断壮大,这些人对曹操建立霸业将起到至关重要的作用。

曹操渴望贤才,有时甚至为此甘冒政治与军事风险。建安元年,刘备被吕布袭击后投奔曹操,程昱就对曹操说:"刘备有雄才大略,甚得人心,不会久居人下,不如趁早杀掉,否则早晚会成为心腹大患。"刚进入曹营的郭嘉则表示反对,他劝告曹操:"刘备的确是个英雄。我们起兵是为了保护百姓、除暴安良,应该靠诚信招纳天下英雄,即使这样尚担心做事不周。刘备因为暂时困窘投奔我们,如果受到迫害,你就会背上杀害贤能的恶名,其他豪杰之士自会望而却步,到时我们如何来争夺天下?仅仅为消除一个人的隐患而辜负天下所望,这是不值得的。"曹操听后会心地笑道:"君言甚是,现在正是收拢天下英雄之际,杀一人而失天下之心,我是万万不会做的。"他还上表刘备为镇东将军、封宜城亭侯,同时给刘备兵马粮草。

二是挟天子以令诸侯。曹操试图笼络吕布,他以朝廷的名义封吕布为平东将军,说:"目前朝廷困窘,我用自己最好的金子给你做印;国家没有紫绶,我可以把自己的紫绶借给你。朝廷重用你,你也应该向朝廷表明忠心!"吕布明知曹操欺诈,也不得不假意向天子表明忠心。《英雄记》记载,献帝流落时曾经让吕布派兵接应,吕布认为自己尚不能自顾,无法接诏,遂回应说:"我本来也应迎接天子的,现在曹操迎接您到了许昌,有曹操保护陛下,我只好在外面为将。如果现在带兵去跟随您,反而会招来猜疑,是进是退,不敢擅自主张。"同时,吕布写信告知曹操:"我现在是有罪之人,能得到您的慰劳甚为欣慰,我已看到追捕袁术等人的诏书,需要我效劳时,定会不敢推辞。"

曹操对吕布的言辞尚能温和对待,对公孙瓒、袁术、杨奉等人则直接假借天子名义加以声讨。自从将汉献帝迎到许昌,曹操趁势攻略河南之地,关中豪强也纷纷表示臣服。袁绍对当初没有接受谋士的建议,把天子接到邺城的建议十分后悔,他觉得亡羊补牢,犹未为晚,提出把天子迁到甄城,以便控制。因为甄城离袁绍的邺城非常近，曹操看出了他的计谋，断然拒绝，顺借以朝廷名义训斥袁绍说：
"你地广兵多，不见出师勤王，只见树党营私、与他人互相攻伐，祸害
百姓。"田丰建议袁绍，既然曹操不听规劝，就直接攻下许昌，挟持天
子。袁绍没有采纳。

　　汉献帝得到曹操的庇护后，朝廷威仪也得到一定程度的维护，
宗庙社稷制度逐渐恢复。鉴于曹操势焰张天，有人力劝献帝认清形
势，太史令王立更是顺水推舟："天象表明汉朝气数已尽，大魏必兴。
天命有常，五行不常盛，代火是土、承汉是魏、能安天下人姓曹，理应
重用曹操。"然而，两汉国祚绵长，历二十余帝，绵延四百多年，儒学
传统深植朝野，伦纪纲常化入风俗，无形中形成了一个深厚的戴汉
思想基础，士人群体会在汉室将亡之时奋不顾身，效忠朝廷。汉献
帝虽然软弱，但是，忠于汉室是普遍的社会情感。曹操当然深知民
心向背，他派人对王立说："我知道你忠于朝廷，但是，天道深远，不
可妄言。"

　　汉献帝到达许昌之后，曹操加强对朝政的控制，"自都许以后，
权归曹氏。天子总已，百官备员而已"，"自帝都许，守位而已，宿卫
兵侍，莫非曹氏党旧姻戚"，同时，加快排除异己。议郎赵彦，史书称
其"尝为帝陈言时策，曹操恶而杀之。其余内外，多见诛戮"。面对
曹操日益专横，朝廷上下对曹操也日益不满。一次朝会，献帝忍无
可忍，当众对曹操说："你如果真要辅佐我，就对朕好一点，不然还是
把我放走吧。"曹操听后吓得汗流浃背。曹操久经沙场，何以会被汉
献帝的这几句话惊得"失色"？因为按照汉代规矩，三公领兵朝见，
皇帝命令虎贲执刃挟之，也就是说皇帝可以随时命令近卫兵动手杀
之。曹操此时已经可以大权独揽，但他毕竟还是汉家臣子，当中仍

不得不尊重汉献帝。

汉献帝为祝贺迁都许昌宴请公卿，曹操见太尉杨彪脸带怒色，就借口说自己上厕所回到军营，自此对杨彪耿耿于怀。不久，曹操以杨彪与袁术勾结、有另立皇帝的野心为由，罢免杨彪，并想借机把他投入大狱。孔融听说后连朝服都来不及穿，匆匆赶来面见曹操，为杨彪辩解。曹操道："这是天子的旨意，与我无关。"孔融问："如果让成王杀召公，周公可以说自己不知道吗？如今天下士人之所以敬重您，是因为您聪明仁智、辅弼汉朝、举荐正直之士、斥退邪妄之人，致使四方和乐。如今您却要杀害无辜之人，海内之人将大失所望！我明天便拂袖而去，不再来朝。"满宠也对曹操说："拷问杨彪，一定得找到罪证。此人是海内名士，如果没有证据就处死他，一定会大失民心，请多加考虑。"面对强大舆论，曹操只得释放了杨彪。十一月，曹操被任命为司空、行车骑将军，曹操作《让还司空印绶表》，故作辞让说："本人文没有伊尹辅佐之能，武没有冲锋陷阵之本领，靠天子的宠信才勉强担当这个重任。我定会对内履行司空职责，对外进行讨伐叛乱。我才能微薄，天下还没有平定、奸贼还没有锄平，故整日担心害怕，唯恐失责。"曹操成为司空后，问当年很看不起他的名士宗世林说："我俩现在还能不能交朋友？"不料宗世林淡淡地说了一句："松柏之志犹存。"丝毫不给曹操面子。由于宗世林名声很大，曹操对其也无可奈何。

曹操成功实现了"挟天子"的策略，从而在汉末兼并战争中占据了道义的高地。因控制了汉献帝，曹操出兵讨伐他人则是"奉辞伐罪"，完全控制了政治话语权。"汉德虽衰，天命未改，今曹公挟天子以令天下，虽敌百万之众可也。"曹操的雄才大略和远见卓识，使他在汉末纷争中占得了先机。

曹操很快明白，只靠汉献帝这个大旗远远还不足以让他成就霸业。经济乃行军打仗、安邦定国的基础，军事实力是根本，而粮食则是基础。此时，经过多年的动乱，农民流离失所，农业生产更是无从谈起，实力最强的袁绍军队有时靠吃桑葚维持生存，曹操军队也出现过以人肉为干粮的情况。曹操采纳枣祗、韩浩的建议，招募流离失所的百姓进行"屯田"，各州郡分别设置典农中郎将、典农都尉、典农校尉等官职来管理屯田。

枣祗的具体做法是：将荒芜的农田收归国有，招募流民按军队的方式进行编排；屯田农民不得随便离开屯田，由国家提供种子、耕牛、农具，获得的收成由国家和屯田的农民按比例分成。历史上的曹魏屯田分为民屯和军屯两种，民屯每五十人为一屯，置司马，其上级是典农都尉、典农校尉、典农中郎将。使用公家耕牛，分成的标准是官六民四；使用私人耕牛，则是官民对分。军屯则以士兵屯田，六十人为一营，一边戍守一边屯田。曹魏屯田最初采取强制的办法，由于百姓往往不愿意离开故土，同时怕军事管制，所以刚开始百姓还是宁愿选择流亡也不愿意屯田。针对这种情况，曹操采取了袁涣的建议，允许百姓自己选择，"宜顺其意，乐之者乃取，不欲者勿强"，后来"百姓大悦"，屯田才得以顺利进行。曹魏屯田举措效果斐然，第一年就"得谷百万斛"。

屯田制的实施，使长期遭受战争破坏的北方农业生产，在短期内得以恢复，失去土地的农民又重新回到他们所热爱的土地上，许多荒芜的农田被开垦，朝廷也因此积存了大量的粮食。屯田制不仅为曹操解决了令人头疼的军粮问题，而且还为他争取了大量的人口,从而加快了曹操统一北方的进程,"数年中所在积粟,仓廪皆满",曹操"征伐四方,无运粮之劳,遂兼并群敌,克平天下"。在拥有政治大旗和经济实力后,曹操的军事行动更加张显和自信。

曹操传

第四章　平定中原（下）

一、扫吕布，灭袁术

　　曹操虽然控制了中央朝廷，但是，来自各地军阀的威胁并未丝毫减少——他必须征讨诸强。

　　曹操首先攻伐的是实力较弱的杨奉，杨奉曾经在曹操迎接汉献帝东归时阻止过曹洪。建安元年十月，曹操出其不意，突然攻击杨奉梁县军营，杨奉毫无准备，败走投奔袁术。

　　曹操攻打的第二个对象是张绣。张济因军中缺粮，从关中引兵到荆州界，与占据荆州的刘表交战，攻打穰城（今河南省邓州），最后中流箭而死。张济之侄张绣接管了张济的部队，停止攻打穰城，刘表派人招降，张绣听从。刘表安排张绣屯兵于宛城，让张绣替他抵御外敌。

　　建安二年（197 年），曹操率兵南征，到达淯水，张绣不战而降。谁知曹操色心大发，竟然看上张绣的婶婶即张济的遗孀邹夫人，欲据为己有。张绣觉得这是莫大侮辱，非常愤怒。曹操听说后打算秘密杀掉张绣，结果计划泄漏，张绣抢先连夜行动，趁曹操还在睡梦中展开袭击，曹操猝不及防，仓促应战。典韦及其身边校尉十多人，拼死保护曹操，敌兵越聚越多，曹操部下死伤殆尽，典韦也受重伤。典韦长矛用尽后，就用短兵器肉搏，最后伤重而死。张绣的兵士上前割下典韦的头互相传看。为了保护曹操，长子曹昂更是让曹操骑上自己的马快速脱身，自己战死。曹操的军队已经溃乱，只有于禁率领几百名部下且战且退，他下令士兵死战，违令逃跑者斩。

张绣追击稍缓，于禁慢慢地整理队伍回营。还没回到曹操驻地，于禁途中看到十多个衣衫不整的伤兵正在逃跑，问其缘故，士兵回答说是被青州兵劫掠。当初黄巾军投降，曹操对收编的青州兵很宽容，所以他们才敢乘乱抢掠。于禁非常愤怒，说："青州兵也属曹公统辖，竟敢做贼？"便领兵制止他们。青州兵跑到曹操那儿告状，于禁抵达曹营后先设营垒，并没有按时去拜谒曹操，有人劝他说："青州兵已经告了你的状，你应该赶快去曹公那里分辩。"于禁说："敌人还在后面追击，不知道什么时候就会追来，如果此时不全力防备，敌兵来了，如何抵抗？曹公明智，会辨别诬告！"等到营垒都安排就绪，于禁才进去拜见曹操，把事情经过一一禀报，曹操果然没有追究。曹操此次行为不端导致大将典韦、长子曹昂与侄子曹安民战死，损失惨重。

曹操退到舞阴，才听说典韦战死，他痛哭流涕，派人找回典韦的遗体，抚尸而哭，安排专人送回襄邑安葬。而丧子之痛使曹操原配丁夫人对丈夫十分埋怨，曹昂自幼由她带大，得知曹昂战死，丁夫人对曹操说："你害死我儿，使我生无可恋！"曹操一生气，令其回到故乡谯郡。后来，曹操领兵经过故乡找到丁夫人，丁夫人对他仍然冷漠，曹操内疚地对丁夫人说："我们一起回家，如何？"丁夫人默不作声，曹操长叹一口气，无奈离去。

曹操临终时曾叹息说："我一生做事没有什么后悔的，假如死后还有灵魂的话，曹昂如果问我他的母亲在哪，我将如何回答？"曹丕在《典论·自叙》中，心有余悸地回忆了十岁时在宛城之败中夺马死里逃生的经历："因为时世多难，所以父亲每次出征常常让我跟从。建安初年，父亲南征荆州到达宛城，张绣投降后不久作乱，大哥曹昂、堂哥曹安民遇害。我那时候只有十岁，乘马才得以逃脱，所以文武之道都应该随时准备而用。"

曹操后来也反思、总结教训，以色招祸自然不能明言，他委婉地自我批评说："在张绣投降又叛乱这件事上，我有责任，主要是没有看清他的阴谋，才导致失败。我也反思这次失败的教训，以后这样的错误绝不会再犯。"

于禁临敌不乱，曹操专门给予表扬："淯水之败发生得太突然，我都惊慌失措。然而于禁将军能在乱中整顿军队，责讨抢掠，安营筑垒，坚守阵地，即使是古代的名将，也不可能如他一样做得更好！"于是根据于禁的功劳，表封为益寿亭侯。

兴平二年冬，袁术召集部属们说："如今刘氏天下衰微，海内鼎沸。我袁氏四代乃朝中重臣，百姓们都愿归附。我想秉承天意，顺应民心，登基称帝，不知诸君意下如何？"众人一听，面面相觑。主簿阎象建议："周人自其始祖后稷到文王积德累功，天下三分，他们才独占其二，可他们还是小心翼翼地做殷商的臣子。袁氏累世高官，但恐怕还比不上姬氏昌盛？眼下汉室虽然衰微，但也不能与残暴无道的殷纣王相提并论！"袁术听后嘴上默不作声，内心却恼怒异常。

建安元年，袁术派大将纪灵带领步骑共三万多人马征讨刘备，刘备向吕布求援。吕布部将建议可借袁术之手乘机除掉刘备，吕布说:"袁术如果占据沛县,就会联合北面泰山一带的部队,我们就会被袁术所包围,所以不能不去救刘备。"于是领步兵飞速赶往沛县救援。纪灵等人听说吕布前来援救,不敢妄动。吕布在离沛县西南一里的地方扎下营寨,派人去请纪灵一起饮酒。吕布对纪灵等人说:"刘备乃我贤弟,故特意来救,我生性不爱看别人争斗,只喜替人解忧。"他命人在营门中竖起一戟,说:"诸位,如我一发射中,请诸君立即停战。如不中,那你们自便,我绝不相助刘备。"他引弓一箭中戟,众人惊赞说:"将军真乃天神!"第二天,纪灵引兵而退。

建安二年春,河内人张鲰为袁术卜卦,说他有天子之命,袁术也不顾众人的反对,乘机自立为帝,广置公卿朝臣。袁术生活上极为奢侈,后宫妻妾穿罗戴绮,而他统治下的江淮一带民不聊生。看到袁术称帝,曹操打着平叛之名征讨袁术。

曹操讨伐袁术之际,南阳、章陵等县再次反叛归附张绣,曹操派曹洪前去征讨。曹洪出师不利,撤守在叶县(今河南省中部),多次遭到张绣、刘表的袭击。曹操亲自来到宛城,攻下湖阳,活捉刘表部将邓济,又乘胜一举攻下舞阴(河南省泌阳县)。面对淯水,曹操祭祀阵亡的将士,欷歔流涕。由于典韦、曹昂等的死都与张绣有关,所以曹操从建安二年十一月到建安三年(198年)五月,一直对张绣穷追猛打,然而收效甚微。荀攸建议说:"张绣与刘表互为犄角,张绣人马靠刘表供给,时间长久刘表力不能支,必然与张绣分裂,我们不如缓兵以待其变。若急切进攻,刘表必拼死相救。"曹操不听,继续进攻张绣,刘表发兵相救,曹军失利。曹操后悔说:"我不听荀攸,才致如此。"曹操两面受敌,士兵有所恐慌。曹操安慰士兵说:"大家不要担心,到了安众(今河南南阳市)定会攻破他们。"

到了安众后，曹操挖地道、设伏兵，果然击溃刘表、张绣的联军。荀彧好奇地问：“你为什么这么有把握能确定在安众击败张绣？”曹操说：“在安众，我们已无退路，只能破釜沉舟、背水一战，所以我就知道胜利离我们不远了。”曹操正准备彻底灭掉张绣时，听到田丰劝袁绍袭击许昌，遂立即率兵赶回许昌。张绣得以喘息，打算追击曹操，贾诩劝阻说：“不可追，追必败。”张绣不听，结果被曹操亲自断后击败。此时，贾诩又对张绣说：“此时快追，定会获胜。”张绣说：“起初没听你建议，导致失败。为何要再追？”贾诩说：“形势已变，追定会获胜。”张绣听从贾诩建议，果然击破曹操的后卫部队。得胜后，张绣问贾诩其中奥妙，贾诩说：“道理很简单，将军虽然擅长用兵，但绝非曹操对手。曹军刚撤，曹操必然亲自殿后，我们追兵虽精，但曹操用兵如神，所以我知道将军你必败。曹军胜利却撤兵，一定是后方有事，击破将军追兵后，他定会迅速全力撤退，留别人断后，所以将军败兵也能取胜。”张绣听后大为佩服。

　　袁术想联合吕布，向吕布提出联姻，沛相陈珪担心袁术、吕布结盟会危害朝廷，于是对吕布说：“袁术擅自称帝，而曹操奉迎天子、辅佐朝政，将军应与他合作，使天下安宁。如果您与袁术成了亲家，将会担上不义之人的罪名。”吕布想到袁术曾经拒绝接纳自己而心生怨恨，女儿虽已经上路，他立即派人把她追了回来，并将袁术派来的使者韩胤送往许昌斩首。陈珪派儿子陈登到许昌，名义上表达吕布愿意与曹操合作的愿望，实际上希望曹操派兵前来讨伐吕布。正巧曹操派使者来传旨任命吕布为左将军，吕布大喜，于是让陈登带着书信向汉献帝谢恩。陈登到了许昌后拜谒曹操，述说吕布有勇无谋、反复无常，希望曹操平叛吕布。曹操说：“吕布狼子野心，确实不能让他久留世上。你们父子熟悉内情,希望与我配合。"当即上表把陈珪的俸禄提到二千石,并任命陈登为广陵太守。临别时曹操让陈登回去后分化吕布的队伍以做内应,并拉着陈登的手说:"吕布的事情就全托付给你了。"

吕布本希望通过陈登向朝廷求得官职,陈登回来后,吕布见愿望落空,陈珪父子反而收获颇丰,勃然大怒,对陈登说:"你父亲劝我与曹操合作,我才拒绝了袁术的婚约。我派你去见曹操,结果现在我一无所获,你们父子反倒地位显赫,封官晋爵。你在曹操面前到底替我说了些什么呢?"陈登面不改色,从容答道:"我见曹操时说:'对待将军您要像对待猛虎,理当让他吃饱。如果不饱,他会大怒而吃人。'曹操说:'并不像你说的那样,对吕布更像是养鹰,饿时可以利用;而当他吃饱了,却会自顾飞去。'我们就是这样谈论您的,所以曹操认为重用您的时机未到。"吕布才平息怒火。

袁术听说吕布回绝了婚事,便派手下大将张勋、桥蕤等与韩暹、杨奉率兵几万进攻吕布。此时吕布只有三千兵力,担心抵挡不住,对陈珪说:"如今招来袁术的部队是由于你造成的,现在该如何是好?"陈珪说:"韩暹、杨奉与袁术不过是乌合之众,不能相互协调,很容易被打败。"吕布采纳陈珪的计策,写信给韩暹、杨奉说:"二位将军曾经有救驾之功,如果我们一起建功立业,必将留名青史。现在袁术反叛,你们竟然与反贼一起来攻打我!我们不如联手消灭袁术,为国除害、建立功业这个机会切不可再失!"韩暹、杨奉一听很高兴,就与吕布一起在下邳攻打张勋等人,并活捉桥蕤,袁术几乎全军覆没。

吕布乃一反复无常之人。建安三年,他再次与袁术结盟,派高顺、张辽攻打沛县，攻打刘备，曹操派去救援刘备的夏侯惇也被高顺打败。九月，高顺等攻破沛城，俘虏刘备妻儿，刘备败投曹操。曹操深知早晚要与袁绍争夺河北，在与袁绍决战之前，吕布始终是牵制自己的一个重要力量，然何时下手除吕不甚明了。为此，郭嘉建议应该乘袁绍远征公孙瓒的时机彻底消灭吕布，不能让吕布与袁绍互相支援。荀彧也认为，不平定盘踞徐州的吕布势力，打败袁绍毫无胜算。曹操也担心，一旦袁绍与蜀地、关中、羌、胡势力结盟，实力更加强大，到时则难以对付。荀彧认为，关中割据势力虽然多，但基本上是拥兵自保，现在用恩德暂时稳定住他们，一旦平定山东诸强，再拔兵西向。

曹操觉得有理，于是集中兵力，亲自率兵攻打吕布。大军抵达下邳城后，曹操派兵把吕布团团围住，并派人送了一封信给吕布，晓以利害，劝其归顺。吕布正想投降，陈宫极力反对，对吕布说："曹操远道而来，其军队绝不能持久，将军用步兵和骑兵驻守城外，我率领其余人马把守城内。曹操如果向将军进攻，我带领部队从后面进攻曹军；要是曹操只是攻城，将军就从外面救援。用不了一个月，曹军粮食全部用尽，我们那时发起进攻就可以打败曹操。"吕布无谋，正打算采纳陈宫的意见，吕布的妻子说："从前曹操对待陈宫无微不至，陈宫仍然丢下曹操来投靠我们。现在将军厚待他并未超过曹操，陈宫之言岂能可信？你如果丢下全城和妻子儿女孤军远出，一旦发生叛乱，该如何是好？"吕布又觉得夫人言之有理，他暗中派人向袁术求救。同时亲自率兵出城迎敌，遇到曹操的猛击后又马上退回城内，再也不敢出去。袁术并不援救，吕布据城死守。

曹军久攻不下，士气低落，打算回去暂时休整，这时荀攸与郭嘉建议说:"三军以将领为主,将领锐气衰落,全军就没有奋起抵抗的决心。陈宫虽有智谋,但未被采纳。吕布勇而无谋,现在已经被我们多次打败,锐气全无。现在其士气尚未恢复、陈宫良谋还没来得及实施,我们乘机强攻,就可以一举攻下吕布。"曹操觉得言之有理,遂引泗水、沂水淹城。吕布见大势已去,准备下楼投降曹操,陈宫气得大骂:"现在投降犹如以肉喂虎,如何能保全?"经过陈登内应,此时吕布军队已上下离心,其部下侯成、宋宪、魏续绑了陈宫前来投降曹操,吕布最后也被捆绑带到曹操面前。而此时,吕布、曹操、刘备三人聚到了一起。据传三人见面,曾展开了一段有趣的对话:

曹操传

吕布说:"明公,怎么变瘦了?"

曹操回答:"你认识我?"

吕布说:"咱们以前在洛阳的温氏园中见过。"

曹操回答:"瘦是因为你。"

吕布说:"那还绑着我干啥?松一下吧。"

曹操:"不行!我以前把你比作饿鹰,现在你更是一个厉害的大老虎,捆绑老虎不得不紧,不然吃人,所以还真不能松。"

吕布说:"明公,我有一个藏在心里很久的想法,你现在得到我,我来替你冲锋陷阵,咱们就可以统一天下了。"

曹操回答:"这个——"

吕布说:"明公,我还有一个疑问,你能帮我解答吗?"

曹操回答:"行,你说。"

吕布说:"我平常对部下挺好,为什么很多将领关键时背叛我呢?"

曹操说："你与很多将领的妻子私通,岂能称为厚道?"

吕布说："——刘备,你怎么在这儿呢? 你现在是客人,我曾经辕门射戟救过你,岂能不一言相帮?"

刘备说："大家没忘却丁原和董卓是怎么死的吧?"

吕布说："你……明公,刘备最不可信! 当初部下就对我说刘备乃是一个反复之人,我还不信,明公别信他呀。刘备才是最不能相信的人!"

曹操说："吕布,——当然,这也不是刘备一个人的意见,主簿王必他们也是这个意思,你也别怪刘备呀!"

刘备一语点醒了曹操,吕布确实是个反复无常的人,留下他只会留下隐患。曹操决定绞死吕布,然后再枭首示众,杀一做百。

对于曾经帮助过自己的陈宫,曹操还是十分希望他能再次辅佐自己,但陈宫始终不为所动,愿以死明志。曹操问:"你平常自认为足智多谋,现在何以言对?"陈宫回头指着吕布,说:"正是因为他不听我的话,才致如此。不然未必能被你所擒。"曹操笑了笑:"你现在打算怎么办呢?"陈宫回答:"作为臣子我不忠,作为儿子我不孝。死是我归宿!"曹操仍保留最后一丝希望地问道:"你的母亲、妻子与子女怎么办呢?"陈宫答:"我听说以孝治天下的人是不会杀别人母亲的,以仁治天下的明君是不会断绝别人后代的。母亲、老婆、孩子能否活下来,你看着办吧,希望把我杀掉以严明军法。"曹操流着泪看陈宫从容赴死。陈宫死后,曹操厚待了其家人。

吕布被杀后,袁涣劝曹操应该以德服人,他说:"战争是一种凶器,不得已的时候才能用它。您要以仁义之名来征伐四方,安抚民众,为民除害,百姓才会与您同生共死。天下大乱已有十几年,民众渴望安定，天下未定是因为政治没有回归正道。明智的君王善于拯救百姓于水火，世道纷乱就用仁义来统一，世道虚伪就用质朴来克制，世道不同，时势变易。您是超世之杰，应尽力而为，以获得民心认可，这样既能成就您的大业，也是天下之大幸。"曹操认为言之有理。

建安三年，袁绍企图假手曹操，杀掉与他有过节的杨彪、梁绍、孔融。曹操断然拒绝："天下分崩离析，各路英雄风起云涌，都想拯救汉室，互相猜疑也很正常。如果动辄杀掉所猜疑的人，岂不人人自危？高祖刘邦赦免他最痛恨的雍齿来打消别人的疑虑，我们应该宽以待人。"袁绍认为曹操假仁假义，对曹操更加不满，二人逐渐走向决裂。

建安四年（199 年）二月，曹操回师昌邑县。这时，张杨被部将杨丑杀死，杨丑又被眭固所杀，并带领部队归附袁绍，袁绍将其安排驻扎在射犬（今河南省沁阳市）。四月，曹操派史涣、曹仁渡过黄河进攻眭固，眭固领兵向北迎接袁绍援兵，不料却和史涣、曹仁遭遇，眭固被斩。曹操渡过黄河包围射犬，薛洪、缪尚率众投降并被封为列侯。

此时，曹操阴谋篡位的倾向日渐明显。汉献帝感觉到曹操专权愈甚，皇权尊严丧失殆尽，于是，在其周围培植了一股反对曹操的势力，参与者有董承、种辑、吴子兰、王子服、刘备等。处在曹操的严密监视之下，刘备不得不隐瞒自己的志向，整天浇园、种菜，心里十分郁闷。他私下对关羽、张飞说："我岂是种菜之人？"刘备是皇家宗室，董承认为其具备匡扶皇室的能力，也值得信赖，于是就把献帝诏书藏在衣带中找刘备密谋除操。正当刘备犹豫不决之际，恰好曹操找刘备饮酒。曹操说："我觉得当今天下真正称得上英雄的只有你我二人，他人何足挂齿?!"刘备觉得曹操似乎看穿了自己的心思，惊吓得手中筷子掉下来。恰好天空打雷，刘备乘机掩饰说："圣人说'迅雷风烈必变'，一个雷声都能使我筷落，何谈英雄?"

刘备寻觅机会，想脱离曹操的控制，正好袁术被曹操打败后准备投奔袁谭。刘备向曹操申请去截击袁术，获准后迅即率领兵马离去。郭嘉、程昱、董昭听到这个消息后，立即劝阻曹操不要放走刘备，否则以刘备的英勇，其志向远大，又有关羽、张飞辅佐，日后恐难控制。曹操再派人去追，刘备已经走远。

袁术称帝，各路豪强群起而攻之，走投无路的袁术打算投奔袁绍。他写信给袁绍说："天命离汉已经很久，群雄逐鹿，只有强者才能最终问鼎。曹操勉强扶持衰弱的朝廷，然而，天命难违，刘汉王朝复兴已遥遥无期。袁氏禀受天命，理应统治天下，大家都希望您袁氏振兴。"袁绍见信，内心求之不得。他让主簿耿苞为自己称帝寻找根据，耿苞顺承其意说："赤德已经衰败，袁氏乃黄帝后裔，此时应该顺天意、民心称帝。"为试探人心，袁绍向军府僚属公开了耿苞的言论，大家都认为耿苞妖言惑众、混淆视听，应予斩杀。袁绍知道时机还不成熟，唯恐露出马脚，不得已杀了耿苞。其后，袁绍同意接纳袁术。可是，袁术在半路上被曹操派来的刘备、朱灵截住去路，不得已又退往寿春，中途想要前往潜山，投奔以前部曲雷薄、陈兰，被雷薄等拒绝，没有办法又退军至江亭。当时袁术军中仅有麦屑三十斛，正值六月盛暑，袁术想喝蜜浆解渴未果，叹息良久大喊道："我袁术怎么会沦落到这个地步!"呕血斗余而死，一代野心家魂归西天。

建安四年十二月，曹操开始部署对袁绍作战。正在此时，刘备突然起兵攻曹，占领下邳后屯据沛县。刘备军与袁绍联系，打算与袁绍合力继续攻曹。曹操为避免两面作战，于次年二月亲自率精兵东击刘备，迅速占领沛县，转而进攻下邳，迫降关羽。刘备全军溃败，只身逃往河北投奔袁绍。刘备出逃后，董承衣代诏事败露，被杀三族，只有已经怀孕五个月的董贵妃未被赐死。

经过几十年混战，最后终于形成两大政治军事集团。此时，陶谦、吕布、袁术都已先后被杀，大河以南掣肘曹操的割据势力基本上得到清除，曹操终于可以全力面对几十年的"老朋友"袁绍了。

建安四年，袁绍最终战胜公孙瓒，据幽州、冀州、青州、并州，尽有河北之地，正打算南向以争天下，做好了与曹操决战的准备。

两强相遇，必有一战！曹操与袁绍正逐渐被推到历史舞台的中央——官渡之战即将上演。

二、官渡之战

大战之前，孰优孰劣？从表面上看是袁强曹弱：袁绍无后顾之忧，地广人众，可动员兵力在十万人以上，而曹操则处四战之地，四周并不安定，北方是袁绍大军压境，西面有关中诸将觊觎，南边的刘表、张绣不肯降服，东南面的孙策伺机暗动。

再看谋士们的评价，曾经先后担任二人谋士的荀彧、郭嘉最清楚他们二人的区别：荀彧对袁绍的总体评价是"难成大事"，郭嘉对袁绍的总体评价是"志大谋小，优柔寡断"，要成就霸业难于登天。作为当时著名的谋士，荀彧、郭嘉世事洞明，先后离开袁绍，投奔曹操。曹操被张绣打败时，袁绍幸灾乐祸。他当时写信给曹操，语气极其傲慢无礼,曹操看后大怒,由于忌惮袁绍实力,只能忍气吞声。而众人看到曹操表情异常,都以为是被张绣打败的缘故,荀彧说:"主公聪明绝顶,对战败不会放在心上,定有其他原因。"曹操把袁绍的信给他看,说:"我真想讨伐袁绍,但是现在实力不如,真是无可奈何。"荀彧劝慰曹操说:"观古往今来成功与失败,只要有才能,即使暂时弱小,最终都会变得强大;无能者,即使暂时强大,早晚必败。观刘邦与项羽之存亡,就足以说明这个道理。"

荀彧分析了曹操与袁绍的长短,给曹操巨大的精神鼓舞:

袁绍表面上宽以待人,内心实际嫉贤妒能;而你聪明洞达、唯才是用。这是在心胸和度量上胜出。

袁绍反应迟钝、缺少谋断,会失去瞬间即逝的机会;而你能断大事、应变无穷。这是在谋略上胜出。

袁绍治军宽松、法令不严,兵虽然很多,其实很难驾驭;而你治军严明、赏罚分明,兵虽不多,但是大家都英勇善战。这是在武略上胜出。

袁绍主要靠祖上积累政治资源来掩饰所谓的从容与智慧,沽名钓誉,所以没有多少实际本领的往往去归附他;而你以仁德对人,坦诚相待,做事严谨节俭,赏赐毫不吝惜,所以忠诚、正直、有实际本领的人都愿意为你所用。这是在道德上胜出。

依靠这四个方面辅佐汉天子,扶持正义讨伐叛逆,谁敢不服从?袁绍暂时再强又有什么作为?荀彧在此总结了曹操有"度胜""谋胜""武胜""德胜"四胜,虽有奉承之嫌,但大多客观。

围绕着是否抗袁的问题,曹操集团内部也展开过辩论。孔融极力反对与袁绍抗争,他说:"袁绍地广兵强,有田丰、许攸等人出谋划策,审配、逢纪等忠贞不贰,颜良、文丑勇冠三军,恐怕很难战胜!"荀彧说:"袁绍兵虽众而法令不整,田丰刚愎而好犯上,许攸贪而不俭,审配专权而无谋,逢纪果决而刚愎,颜良、文丑,不过匹夫之勇,可以一战而擒!"荀彧的话坚定了曹操战胜袁绍的信心。

郭嘉更是总结袁绍有"十败"、曹操有"十胜",除了上述荀彧所分析的"四胜"之外,还有其他"六胜":

袁绍繁文缛节,曹操任性自然,这是道胜。

袁绍逆时代潮流,曹操顺应天下做表率,这是义胜。

袁绍宽松,曹操用制度,这是治胜。

袁绍看人饥饿和寒冷,怜悯之色脸上显现,一旦看不到就不再考虑民瘼,这是妇人之仁,曹操对小事可能疏忽,至于海内的大事,考虑周全,这是仁胜。

袁绍手下争权夺利,媚言祸乱,而曹操以大道管理下属,这是明胜。

袁绍有时不明对与错,曹操对正确的做法以礼相待,对错误的做法用法纠正,这是文胜。

当时袁绍的士兵专横暴虐,盗掘坟墓以谋财,崔琰向袁绍规劝说:"昔日荀况有过这样的话:'对士兵平素不进行教训,战斗力就不会强大,即使是商汤、周武王那样的人,也不能凭借他们作战取得胜利。'现在,道路上尸骨暴露,百姓却未见到您的德政。您应该命令各个郡县掩埋尸骸,以显示您的为死者伤痛的爱心,追随周文王的仁慈之举。"袁绍的谋士沮授也认为,曹操英明有雄才大略,又有挟天子以令诸侯的政治资本,袁绍虽然战胜了公孙瓒,其实军队非常疲惫,将领骄横,袁绍奢侈,必然战败。

其实,曹操、袁绍对彼此的评价也迥然不同。建安四年,袁绍消灭公孙瓒后实力陡增,准备率领数十万大军进攻许昌,曹操手下很多将领、谋士都认为无法抵挡袁绍。曹操鼓舞士气说:"我了解袁绍为人。他志向大、谋略小,色厉内荏,猜忌贤能,缺少威望,兵虽然多但指挥不明,将领骄横,政令不一。土地广,粮食多,都为我所备!"当年刘备夸耀袁绍出身四世三公、兵多将广是一个英雄时,曹操就笑着反驳说:"袁绍想法多、决断少,想干大事却又吝啬,见到便宜就忘身家性命。这样的人怎么能算个英雄?"

反观袁绍对曹操的评价大多是蔑视之言。如建安元年,袁绍被任命为太尉,后改封邺侯,而曹操被封为大将军,大将军虽然操控实际权柄但地位在太尉之下。袁绍当然既想要虚名,又想要实际权力,他觉得有名无实,深感屈辱,上表不受封拜,并愤愤地说:"曹操不知道应该死多少回了,每次都是我救他。如今他背恩忘义,竟然借天子之名对我发号施令!"

此时曹操的实力不如袁绍,且东有徐州吕布、西有南阳张绣、南有淮南袁术,皆虎视眈眈。曹操无暇与袁绍争锋,只能采取低调却非常高明的策略——将名号让给袁绍。建安二年,曹操派孔融持天子符节赴邺城宣旨,拜袁绍为大将军,赐给弓箭、符节、斧钺和一百虎贲,并让袁绍兼管冀州、青州、幽州、并州等四州,以此来缓和矛盾。从二人的互评中,很明显就能看出袁绍见解肤浅,而曹操则隐忍、沉稳。

大战之中,谋与断是成功与失败的关键。纵览整个官渡之战全过程,袁绍获胜机会要远远多于曹操,可惜袁绍没有把握住机会。在攻曹策略上,开战之前袁绍集团内部并没有形成统一的意见。沮授、田丰为谨慎派：由于袁绍连年兴兵讨伐公孙瓒，仓库积蓄少、赋役沉重、百姓疲惫不堪，他们主张首要是发展农业生产，减轻百姓负担，同时，多造船只、修缮器械。另外，派遣使者向朝廷呈送灭公孙瓒捷报，如被曹操阻拦，就告知天下曹操专权，这样进攻曹操就师出有名。在具体战术上，要等万事俱备，然后派遣精骑骚扰曹操，使其不得安宁，如此以逸待劳，三年之内就可不战而胜。审配、郭图则是激进派：他们迷信兵书所谓的"用兵法则"，十倍于敌人的兵力就包围他们，五倍就进攻他们，兵力相等，要能设法战胜他们。他们认为，袁绍实力雄厚，打败曹操易如反掌。

谨慎派与激进派意见，互不相让。沮授认为："拯救乱世、平定叛乱，必须依靠道义，义兵无敌，骄兵必败。天子在许昌，师出无名就等于攻打天子，显然是违背正义。曹操法令严明，士兵训练有素，非公孙瓒所比。贸然进攻，这是不明智的。"郭图辩解道："武王伐纣不能说不义吧？对曹用兵，还能怕找不到出兵的理由吗？况且主公率领我们，人人都想施展才华，将军和士兵斗志昂扬，如果早定大业，才是上策。上所赐不取，就会给自己带来灾难，这就是越国称霸、吴国灭亡的原因。沮授过于死板，不能应变。"

面对两种迥然不同的意见，袁绍的洞察力明显低曹操一等，他最终采纳了郭图的建议，并开始怀疑沮授，把沮授的监军分成三个都督，分别由沮授及郭图、淳于琼各带一军。

面对袁绍咄咄逼人，曹操整体策略是稳住两翼，集中兵力正面阻击袁绍：曹操派臧霸率精兵自琅琊入青州，占领齐、北海、东安等地，牵制袁绍，巩固右翼，防止袁军从东面袭击许都；他自己亲自率兵进据冀州黎阳，令于禁率步骑两千屯守黄河南岸的重要渡口延津，协助东郡太守刘延扼守白马（今河南滑县东），以阻滞袁军渡河长驱南下。同时，以主力在延津、官渡一带筑垒固守，阻挡袁绍正面进攻，并寻找机会歼灭袁军。另外，曹操派人镇抚关中，拉拢凉州，以稳定左翼。

曹操所采取的战略方针，不是分兵把守黄河南岸，而是集中兵力扼守要隘，重点设防，以逸待劳，后发制人。从当时形势和实力对比而言，这个部署十分高明：首先，袁绍兵多而曹操兵少，千里黄河多处可渡，如分兵把守则防不胜防，不仅难以阻止袁军南下，而且使自己本已处于劣势的兵力更加分散。其次，官渡地处鸿沟上游，西连虎牢和巩、洛要隘，东下淮、泗，为许都北、东的屏障，是袁绍夺取许都的要津和必争之地，是一处自然的障碍，因此，必须在官渡集中优势兵力消灭袁绍南侵兵力，否则，袁绍军队突破了官渡，就进入一马平川的平原地带，难以阻挡。另外，官渡靠近许都，后勤补给也较袁军方便。

曹操同时还注意到主战线外围的军事部署。大战之前，虽然陶谦、吕布等已死，但是，张绣、刘备以及江东的孙策都是潜在危险，一旦这些势力与袁绍联合，曹操就有可能腹背受敌，甚至多面受敌。因此决战之前，曹操决心解决这些不稳定因素，以便全力对付袁绍。当然，袁绍也想到这点，他派使者联络张绣，并给张绣重要的谋士贾诩去信，要求他暗中帮助。贾诩认为袁绍非能成大事业者，回绝了袁绍的要求，他当着张绣的面对袁绍的使者说："回去帮我们说声谢谢吧。袁绍对自己兄弟尚不能容，岂能容得下别人？"

张绣十分吃惊，对贾诩说："你这样做致我们于何地呢？"贾诩说："不如归顺曹操。"张绣说："袁绍强大，曹操弱小，我又与曹操有仇,若是归顺,结果难料。"贾诩说:"曹操匡扶天子,号令天下,名正言顺,这是归顺的根本原因。袁绍实力强,我们现在以少量的兵马归顺他,肯定不会看重我们,而曹操兵弱,我们投奔他,他肯定会十分高兴,这是第二个原因。曹操有称霸天下的意愿,志向远大,肯定会不计前嫌来向四海表明其恩德,这是第三个原因。所以,将军不必迟疑!"张绣于是听从贾诩的意见,归顺了曹操。曹操大喜,对贾诩说:"我的信誉被天下看重,与你密不可分!"上表汉献帝,封贾诩为执金吾、都亭侯。曹操不计前嫌,握住归顺而来的张绣的手表示欢迎,上表拜张绣为扬武将军。为表达诚意,曹操还安排儿子曹均娶张绣的女儿,张绣从敌人变成了儿女亲家,由此可见曹操的胸怀与谋略。

　　袁绍联系张绣没有成功,又遣人求助于刘表。刘表既不派遣大军助袁绍作战,也不肯援助曹操,只希望自保于江汉之间,期待二强之争形势明朗。从事中郎韩嵩、别驾刘先对刘表说:"目前豪杰相争,两雄相持,天下形势走向取决于将军。将军若是希望于乱世有所作为,便应起事;如若不然,则应择贤而相从。将军现在坐拥十万之众,安坐而观望,所谓'见贤而不助,请和而不得',相争的两方一定都会怪罪将军。以曹操的明哲,天下贤俊都向往而归顺他,他一定能灭掉袁绍,之后肯定会带兵南向进击江汉,那时恐怕将军也无法自保。为将军打算,不如现在举州依附曹操,曹操必然会善待重用将军,如此便可以长享福祚、子孙平安,这才是真正的万全之策。"刘表狐疑不决,派遣韩嵩往见曹操,以探虚实。韩嵩从许都回来后,称赞曹操是真正的明主,劝刘表立即"遣子入质"。刘表怀疑韩嵩为曹操谋利,要杀韩嵩,当问及韩嵩随行的人时,得知他只是说出肺腑之言，并无他意，方才没杀韩嵩。刘表的优柔寡断、迟疑不决，实际上给曹操变相帮忙，曹操可以不必担心刘表会背后来袭。

当初刘备突然逃离许昌，曹操就知道他是英雄豪杰。曹操担心，一旦迎战袁绍，刘备肯定会乘虚攻取许昌，因此，他感觉大战之前最迫切的任务就是清除刘备。此时刘备刚到下邳，杀死徐州刺史车胄，屯兵在沛。曹操就派刘岱、王忠前去攻伐，竟然战败，于是，在建安五年（200年）正月，曹操亲自带兵攻打刘备。当时许多将领不理解，都说："与你争天下的是袁绍，现在袁绍正大兵压境，可是，你却不顾一切朝东进攻刘备。如果袁绍乘这机会在后面进攻我们，那该如何？"曹操安慰他们说："刘备人杰，现在如果不攻打他，将来肯定会产生更大的祸患。"郭嘉也坚决支持曹操攻打刘备："袁绍性格迟缓、多疑，即使来进攻，也不会太快。刘备刚刚起步，众人还没有完全归附他，理应抓紧消灭刘备，以绝后患。"

在袁绍集团内部，也有人敏锐地观察到此时是攻击曹操的绝好机会，田丰就紧急建议袁绍乘这机会袭击曹操。田丰对袁绍说："与您争夺天下的是曹操，曹操现在去东边攻打刘备，双方交战不可能很快结束，我们现在应该调动全部兵力，突袭曹操的后方，就可以打败曹操。机不可失，失不再来。"袁绍推辞说儿子正生病，已方寸大乱，哪还有心思这时候出兵？田丰举杖击地说："大事完矣！这样的时机竟然因为小孩生病而丧失，可惜！"袁绍听到后从此就疏远了田丰。

曹操也担心袁绍渡过黄河袭击自己，就加紧攻打刘备，不到一个月就将刘备打败，并俘虏了刘备妻子，刘备仓皇投奔袁绍。曹操又马不停蹄进攻下邳，活捉了关羽。曹操知道关羽是一员骁将，以礼相待,赏赐优厚,任命关羽为偏将军,并上奏朝廷封为汉寿亭侯。他发现关羽并无久留曹营之意,于是对张辽说:"你利用与关羽的交情去探其心意。"关羽对张辽说:"曹操对我情深意厚,但我深受刘备厚恩,发誓同生死。我不会久留此地,一定要立功报答曹公恩情后离去。"张辽把关羽这番话回报给曹操,曹操也为其义气所感动。

曹操迅速击败刘备后还军官渡,袁绍竟然此时仓促决定突袭许昌。田丰认为战机已失,再次进谏说:"曹操既然打败了刘备,许昌已不再空虚,而且,曹操善于用兵,变化无常。其兵虽少,我们也不能等闲视之,不如作持久之战:将军据山河之固,拥有四州之众,外结英雄,内修耕田,然后,选拔精锐突袭曹操,曹操救右则击左,救左则击右,使其疲于奔命。这样不出两年,即可战胜曹操。如今放弃必胜的策略,凭一战决定成败,倘若不能如愿,悔之晚矣!"袁绍不仅不听田丰的劝告,而且以扰乱军心的罪名,把田丰拘押起来。曹操听到袁绍没有采纳田丰的意见后,大喜说"袁绍必败"。

为罗举曹操罪名,袁绍让陈琳撰写《为袁绍檄豫州文》,极尽辱骂,历数曹操的罪过:

> 我听说明主能化危为安,忠臣能临难追求功业,所以不凡之人,建立不凡功勋。吕后专政,绛侯周勃、朱虚侯刘章诛讨叛乱、尊立刘氏,光照史册,这就是大臣立功的典范。曹操祖父中常侍曹腾,与左悺、徐璜骄横放纵,虐待百姓;其父亲曹嵩勾结权势,为非作歹。曹操乃宦官阉人之后,本无品德,狡猾奸诈。董卓欺凌百官,虐待百姓,于是,袁绍拔剑击鼓,召集英雄讨伐董卓。袁绍本以为曹操是英雄之才,谁知曹操愚昧短见,轻易与董卓出战,结果大败。

袁绍又分给他兵力，上表让他担任东郡太守，就是希望他能像孟明一样将功赎罪。但是，曹操不思悔改，飞扬跋扈，变本加厉剥削人民，残害贤良。前任九江太守边让英才俊逸，却被曹操杀死，曹操后来没有立足之地。袁绍扶弱惩强，征讨吕布，拯救曹操于危亡，恢复他的官职，就算袁绍对兖州的百姓没有恩惠，也对曹操有大恩。献帝从长安迁到洛阳，群贼乱政，下令曹操缮修洛阳宗庙，保护天子，他却乘机专权，杀人钳口。前任太尉杨彪，历任司马、司徒、司空，曹操诬告其罪名，棒打鞭抽。议郎赵彦忠谏直言，曹操就擅自逮捕杀害！曹操攻打徐州焚烧房屋、发掘坟墓，还成立发邱中郎将、摸金校尉，极力掩饰自己的所作所为。曹操所到之处，民怨沸腾。历观古今书籍所记奸臣，曹操为甚。袁绍对曹操宽容，或许他自己有所收敛，但是曹操豺狼野心、包藏祸心。袁绍身负汉帝的委托，威震宇宙、雄兵百万，谁人能挡？如今汉室衰弱，纲纪废弛，忠义之人都被曹操所迫。曹操对外说是保卫皇上，其实是拘禁天子，矫诏称制。现在幽、并、青、冀四州同时进兵匡扶社稷。斩曹操者封五千户侯、赏钱五千万！现在广宣恩信布告天下，就是让大家都知道天子有难，我们一起联手共创伟业！

读完陈琳的檄文，卧病在床的曹操突然惊起，头也不疼了。

建安五年二月，袁绍先派郭图、淳于琼、颜良进攻驻守白马的东郡太守刘延，自己带兵驻扎到黎阳准备渡河。四月，曹操准备率兵前去救刘延，荀攸建议采取围魏救赵与声东击西结合的策略。袁绍听说曹操渡河，果然分兵应对，曹操虚晃一枪，带领军队日夜兼程去救白马。曹操的军队距离白马只有十里了，袁绍的守军颜良才发现，只得仓促应战，结果颜良被关羽、张辽斩杀。曹操解救白马后迅速西向渡河，这时沮授再次向袁绍建议："战争形势瞬息万变，我们现在应该屯兵延津，分兵去攻打官渡。获胜当然最好，即使战败，军队还可以回到延津重整旗鼓。"袁绍却拒绝了沮授的建议，他给每个士兵都发了一根三尺长的绳子，说要准备随时活捉曹操。沮授叹气道："上骄下浮，悠悠黄河，我们是再也回不去了！"

袁绍紧追不舍，到达延津南与曹军遭遇。曹操扎好大营，登上城垒，观察敌情。他问手下人："现在来了多少敌兵？"士兵通报："大约六百个骑兵。"过了一会，再问再答："骑兵又多了一点，步兵数不过来。"曹操说："大家解鞍下马，休息。"同时，曹操还以利诱兵。当时白马之战缴获的辎重被随便堆放在道路边，很多将领不解，而且，大家看到敌人越来越多，建议还是回到大营安全。荀攸说："这是用来引诱敌人的饵食，怎么能随便撤呢？"看到袁绍的大将文丑和刘备先后率领五六千人赶来，曹军将领们说："现在可以上马进攻了吧？"曹操回答："再等。"袁绍的人马越来越多，并哄抢散落在路边的辎重，曹操这才命令出击，趁乱一举击溃敌兵，斩杀袁绍的大将文丑。

刚开始的两场战斗，曹操都大获全胜，且斩杀两员大将，引起袁绍军中震动。建安五年八月，袁绍率领大军向前推进，队伍东西绵延数十里。袁绍大军顺利推进到阳武，进逼官渡，而曹操带领军队回到官渡，双方大军最终在官渡遭遇。

大决战即将来临，精明的沮授再次向袁绍提出战胜曹操的策略，就是依据强大的实力跟曹操打持久战："虽然我们的兵多，但是果敢坚决不如曹兵，不过，曹军粮食少，军资储备不如我们，所以，曹军当然希望迅速决战，而我们就是要和他们打持久战、消耗战。"许攸进一步建议说："曹操兵力少，现在几乎把所有的兵力都放在官渡与我们决战，许昌兵力肯定薄弱，我们应该分兵派出精锐部队，日夜兼程前去袭击许昌。如果攻下许昌，就等于擒住曹操。即使许昌未能攻破，也能令曹操首尾不能兼顾，打败曹操指日可待。"这个建议可谓直中曹操要害，可惜袁绍"好谋无断"。后来宋代史学家司马光的评价颇为中肯：袁绍为人宽雅，有局度，喜怒不形于色，不过，刚愎自用，固执己见，必然失败。

袁绍大军一步步逼近官渡，与曹操军队发生了一些小规模的遭遇战，曹军失利，回大营坚守。这时，大将张郃再一次劝阻袁绍，不要因小胜就立即与曹操决战，要不停息地派遣小股军队骚扰曹操的后方。可是，袁绍拒绝张郃的意见。袁绍下令堆起高高的土山，在土山上建望楼，命令士兵居高临下向曹营射箭，而曹操就组织士兵用霹雳车还击，利用霹雳车投递石头击毁望楼，曹军士气大振。袁绍让人挖地道，打算袭击曹营。曹操也采取反制措施，下令在地下挖地堑来阻断袁绍的地道攻势。地上、地下的进攻，袁绍都遇到阻力，战争进入关键的相持阶段。

在相持阶段，粮食等后勤保障问题就凸显在曹军面前。由于粮食不足，士兵饥饿，曹营中不少士兵叛逃到袁绍麾下。袁绍还派刘备袭击曹操后方，诱降各郡，汝南刘辟等人响应袁绍反叛。面对如此形势，曹操十分担心。曹仁说："后方诸县认为我军有官渡之急，不能解救他们，背叛情有可原。刘备带领袁绍兵马，尚不能为其所用，一击必破！"曹操于是派遣曹仁进攻刘备，平定各郡县叛乱而还。

当很多郡县叛乱时，只有阳安郡不为所动，都尉李通急于向老百姓征收户税款，朗陵县令赵俨面见李通说："今天下动荡不安，各郡先后反叛，有心归附朝廷的地方如果再征收户税，恐怕会引起民怨。"李通说："袁绍和大将军曹操相持不下，军情紧急，左右郡县又纷纷背叛。假如我们再不征收户税运往朝廷，那些人一定会说我们是见风使舵，另有企图。"赵俨说："也许正如您所考虑，然而还是应当权衡利弊。"于是就给荀彧去信说："现在阳安郡应该把征收的税收送往朝廷，但是道艰路险，必招致敌寇的袭扰，眼下百姓穷困，周围邻郡反叛，本郡百姓执守忠节，虽处险境然不生二心。善于治理国家的人一定要藏富于民、安抚于民。我们觉得朝廷应该怜惜抚慰本郡的百姓，免收其税收。"荀彧答说："我即刻将此事上报曹公，公文下发你郡，将已收的税收全数退还百姓。"阳安郡的吏民听到这个消息上上下下欢天喜地、人心安定，从而稳定了曹操的大后方。

曹操感觉军队支撑不住，准备撤退。荀彧立即劝阻说："袁绍带领他所有的军队聚集在官渡，与我们决一死战，我们现在是极弱来对抗极强。若是打不过他，早就被他打败了；我们能够坚持到现在，说明还有机会。何况袁绍全部兵马在此，如果我们一举击败他，现在正是赢取天下的最好机会。袁绍器量狭小，虽能聚集人才却未能加以应用，而您神武英明，顺应天下民意，定能成功。目前军粮确实不足，但是，还没有到高祖刘邦与项羽在楚汉争霸荥阳、成皋对峙时那种地步。高祖和项羽没有一个敢最先后退，原因是一旦先退，那就是气势先输。您现在的兵力只有袁绍的十分之一，使袁绍无法前进已有半年。战争已经到了最关键的时候，形势一定会发生变化，在这最紧要的时候千万要谨慎，万不能失策。"贾诩也鼓励曹操，说他英明重用人才、决策果断胜过袁绍，只要抓住决断的时机，瞬间就可以打败袁绍。

　　曹操听从了二人的建议，顿时信心倍增。曹操亲自激励运粮疲惫的士卒说："再给我十五天的时间，定能打败袁绍。"在战争最关键的阶段，曹操采纳最正确的建议，这是他比袁绍高明之处。

　　正当曹操与袁绍苦苦相持的时候，南方的孙策已经平定江东，任用了一大批文臣武将：以张昭、张纮、秦松、陈端等为谋士，任命吴景为丹阳太守、朱治为吴郡太守、周瑜为江夏太守、吕范为桂阳太守、程普为零陵太守、孙贲为豫章太守、孙辅为庐陵太守。另外，还汇聚了众多武将，如太史慈、孙河、徐琨、徐逸、黄盖、韩当、吕蒙等。孙策善于听取部下意见，又善用人，手下的士民都愿意为他效忠，可以说江东羽翼已成。曹操听闻孙策平定六郡，叹息说："他是一条疯狗，我们恐怕难与其争锋！"

　　为了拉拢孙策，曹操把弟弟的女儿许配给孙策的弟弟孙匡，又让三子曹彰娶孙贲的女儿，企图通过联姻先稳定孙策。孙策则另有打算，他准备乘曹操应付官渡之战之际，带兵北上袭击许都，迎接汉帝。曹操与袁绍正处于相持阶段，且处于劣势，无法抽出兵力保卫许昌，听到孙策将要攻打许都的消息，曹营人心动荡，不少人开始暗中向袁绍献媚。

　　在此紧急关头，郭嘉对曹操说："孙策性格自负轻率，刚刚吞并江东，诛杀不少英雄豪杰。但是，他不善于防备，虽拥有百万之众，如同孤身前行，在我看来，孙策必定要死于刺客之手。"事实正如郭嘉所料，孙策曾杀吴郡太守许贡，其门客潜藏在民间，密谋为主报仇。建安五年四月，孙策在丹徒山中打猎，他骑快马，随从被远远地甩在后面，忽然碰到三个人，孙策问："你们是什么人？"三人回答说：

"我们是韩当的士兵,在这里射鹿。"孙策说:"韩当的士兵我全都认识,怎么从没见过你们?"孙策怀疑有诈,立即搭弓射箭,向一个人射去,那个人应声而倒,剩下二人当即抽箭还击,正中孙策面颊,孙策重伤而死。孙策一死,解除了许都之危,也解除了曹操的后顾之忧。曹操立即对江东采取安抚的政策,上表封孙权为讨虏将军,任会稽太守。

袁绍兵马众多,其粮草需要源源不断地从河北运来,供给有保障。建安五年十月,淳于琼等率领一万人护送粮草,驻扎在袁绍大营北四十里的乌巢。沮授意识到守好这批粮草的极端重要性,立即向袁绍建议,再安排一支军队守护在淳于琼守粮军队的外围,实行双层防护,以防范曹操。正在此时,袁绍帐下谋臣许攸,投奔了曹操。许攸投奔曹操的原因有各种说法。《三国志·武帝纪》记载,许攸贪财,袁绍未能满足。《三国志·传》则认为,许攸在邺城的家族中有人犯法,被留守的审配抓进监狱,许攸大为不满,于是投奔曹操。习凿齿的《汉晋春秋》则描述,许攸劝袁绍不要急于和曹操决战,而是依靠自己强大的兵力把战线拉长与曹操相持,让曹操顾此失彼,可是袁绍不听,许攸于是转奔曹操。不管什么原因,许攸此时来投靠曹操,对曹操来说正如久旱逢甘霖。《曹瞒传》对此写得很夸张,曹操得知许攸来,赤脚就跑了出去,他拉住许攸的手说:"子远来,我的问题就好解决了。"此书为了凸显曹操奸诈的一面,还很详细地记载了二人之间的谈话:

许攸:"明公,袁绍军队气势正盛,靠什么和他抗衡呢?曹军的粮食还有多少?"

曹操:"差不多可吃一年吧?"

许攸:"一年?"

曹操:"一年不大可能,大概半年。"

许攸:"君言不实!"

曹操:"不瞒,只能坚持一个月了。现在该如何是好?"

许攸:"你现在孤军独守,外无增援、内无粮食,这是最危急的时刻。现在袁绍大军有辎重一万余辆车在乌巢,守粮将领淳于琼狂妄自大,军队戒备不严。如果率领轻锐部队进行偷袭,烧掉袁绍的粮草,不到三天袁绍阵营就会自己大乱。"

曹操:"此计甚妙!"

对于许攸这个建议,当时曹操军队内部也有很多人质疑:一是许攸提供的信息真假不好判断;二是如果突袭不成,这边必然会遭到急攻,攻不破、守不成,岂不大败?突袭乌巢是赌博性的一着险棋,成则扭转战局,失则万事皆休。荀攸和贾诩则劝阻曹操不要犹豫,要立即抓住这个战机。

曹操当机立断,命令曹洪驻守官渡大本营,自己则带领精兵五千,利用夜色掩护袭击乌巢大营。为了蒙蔽敌人,他们打着袁绍军队的旗号,每人都抱着柴木,人衔枚,马缚口。在路上遇到袁绍的军队盘问,曹军回答:"袁公怕曹操抄劫后面的军队,特派我们来加强粮草的防备。"曹操到了乌巢大营,立即放火进攻,淳于琼退大营死守,袁绍听说后也派兵来救。左右的人告诉曹操袁绍的救兵马上就到,应该分兵抵御,曹操此时表现了一个卓越军事家的智谋与胆略,他竟然大喊道:"等敌人到了背后再告诉我!"于是士卒们都拼死力战,终于攻破淳于琼大营,杀掉守将睢元进、赵睿等人。

为了震慑袁绍的军队，曹操还下令割下袁绍士兵的鼻子，牛、马则割去舌头和嘴唇，这令袁绍的士兵十分恐惧。士兵把已经割掉鼻子的淳于琼带到曹操面前，由于曹操和淳于琼都曾经是西园八校尉，曹操本不打算杀掉淳于琼。曹操感慨地说："如何落到这般境地？"淳于琼回答："胜负在天，无须多言。"许攸说："他每天照镜子，只要一看自己无鼻，会更记恨你。"曹操于是干脆杀掉了淳于琼。

　　曹操一旦认准战机，必义无反顾甚至孤注一掷。而袁绍反应迟钝。得知曹操带兵偷袭粮草大营，大将张郃立即建议："曹操的士兵英勇善战，他们一定会击溃淳于琼。乌巢一旦失守，将军大业就完，应该尽快带兵援救。"郭图却说："我军不如进攻曹操大营，曹操势必回救，这样淳于琼那边就会不救自解。"张郃反驳："曹营牢固，短时间肯定无法攻破。如果淳于琼等人被俘，我们也就要当其俘虏。"袁绍优柔寡断，最终只派少量兵马救援淳于琼，让张郃、高览率领重兵进攻曹操大营。曹洪拼死抵抗，结果正如张郃所预料，曹营牢固久攻不下，而乌巢粮草被烧的消息传来，袁绍军心大乱，进攻之势大减。

　　荀攸立即向曹操献计："我们现在应该乘胜追击，可以传假情报说我军将调拨人马一路做出攻取邺城，另一路攻打黎阳断袁兵归路。袁绍如果听说，以他的多疑性格会信以为真，定会分出兵力阻击我军。我方可乘他调兵之时急攻袁绍大本营，他的军队本来就没有什么斗志，这样能一攻而破。"曹操采用荀攸的计谋，出动三路人马，四处散布迷惑袁绍的消息。袁绍果然信以为真，急派十万人分别去援救邺郡和黎阳，而曹操立即集中兵马乘虚而入，冲向袁绍大营。

至此，袁绍大军终于全线溃败。曹操乘胜追击，前后杀敌七万多人，获取辎重无数。

占领袁绍大营之后，曹操发现许昌和曹军内部许多人写给袁绍的投降书，有人建议根据这些信一一逮捕治罪。为获人心，曹操下令把这些信全部烧掉。他向大家解释说："袁绍强大时，我都不能自保，何况众人呢？"消息传开，冀州很多城池纷纷投降曹操，彪炳史册的官渡之战终于以曹操大胜、袁绍惨败画上句号。

曹操在《上言破袁绍》中报捷："袁绍以前与冀州牧韩馥，想立已故的大司马刘虞为皇帝，刻金玺。其从弟济阴太守袁叙给袁绍写信说：'现在天下大乱，天意在我袁氏，天有征兆，天位是我尊兄。'袁氏世代受国重恩，却篡逆无道，所以，我整顿兵马与他战于官渡，借助天子威严，击破袁绍。袁绍与儿子袁谭轻身逃走，总共斩首七万余人，辎重财物巨亿。"

官渡之战，袁绍大败，号称十万余众的袁绍大军最后只剩下八百多人。袁绍与儿子袁谭各自单骑渡过黄河。到达黎阳后，袁绍跌跌撞撞闯入部下蒋义渠的营帐，握着蒋义渠的手说："我现在把性命托付与你。"众人听说袁绍还健在，被打败的兵稍微聚拢在一起。袁绍败后，有人对田丰说："你必将受重用。"田丰平静地回答说："如出兵获胜，我一定能够安全。如今兵败，我必死无疑。"果然袁绍回到邺城，说："我当初不听田丰之言，今天真的要被他耻笑。"袁绍果然心胸狭小，下令杀掉田丰。

避免腹背受敌是曹操的谋士集团给曹操制定的一贯战略，这也是曹操不断取得胜利的法宝之一。建安六年（201年）三月，曹操认为已经打败袁绍，就开始思考并寻找机会消灭南方的刘表，却遭到荀彧的反对。荀彧认为，袁绍刚被打败，其部众正离心离德，现在应乘胜追击，一举彻底消灭袁绍。一旦曹操远离兖州、豫州，挥兵南向长江、汉水，袁绍获得喘息机会，收拾残部，乘虚攻击曹操后方，局势就会翻转。曹操听从荀彧的意见，取消了暂时南下的念头，准备一鼓作气，乘胜一举消灭袁绍。

果然不出荀彧所料，袁绍官渡大败，数十万大军几乎全军覆没，虽然元气大伤，但河北人口众多，在退回河北后，会合其三子袁谭、袁熙、袁尚以及外甥高干，养精蓄锐，打算再次南下，消灭曹操。经数月准备，建安六年，袁绍在平丘渡河，意图袭取陈留，再攻占许昌。曹操的谋士郭嘉准确判断袁绍的意图，建议曹操主动北上，迎击袁绍。建安六年四月，双方在仓亭相遇。此次袁绍吸取了官渡之战的教训，并不急于进攻，而是步步为营，慢慢逼近曹操，以寻找有利战机。曹操则因势利导，主动撤退到黄河边，并用许褚引诱袁军发动攻击。曹军背水一战，再次将袁军击败，袁军又瞬间崩溃。至此，曹操终于将袁绍彻底击败。仓亭之战后，袁绍再无实力与曹操抗衡，这一战也彻底决定了河北最后的归属。此后曹操继续进攻，从容收拾许昌周围郡县的叛乱。

建安六年九月，曹操回到许昌，原因是刘备准备进攻许昌。曹操先派大将蔡杨征讨刘备，结果铩羽而归，因此决定亲征。刘备见势不妙，就投奔刘表。刘表亲自到郊外迎接刘备，待以上宾之礼。刘备到达荆州之后，荆州豪杰都前往归附，引起刘表的猜疑。刘表于是安排刘备驻扎新野，让其远离荆州，同时，可以让其守住北面的门户，以阻挡曹操南侵。

建安七年（202年）正月，时局暂时稳定，曹操趁暇回到故乡谯郡。经过长期战乱，谯郡民生凋敝，曹操感慨万分，作《军谯令》：

> 我兴义师为天下除暴安良，现在回到故土，竟然一天几乎都看不到我所熟悉之人，真是令我悲伤感怀。自起兵以来牺牲的将士们，如果没有后代，就以其亲戚作为后代，给予土地，提供耕牛，设置学堂来教化他们。存活下来的人，则命令建立家祠，让他们可以祭祀祖先。如果他们灵魂有知，我死后也没什么可以遗憾的了。

此令虽然仅有百字，读起来真切感人，文中既有政治家的胸襟气派，又不失普通人的坦诚与温情。

曹操的大军到达睢阳，经过桥玄墓时，曹操祭拜了这位曾经给过他信心和力量的精神导师。曹操来到墓前，回顾往昔，悲痛不已，写下了《祀故太尉桥玄文》，表达对桥玄深深的思念和感恩之情，文中说：

> 已故汉太尉桥公，广施恩德，慈爱宽容。朝廷思念其忠诚智慧，士子怀念其贤能。我在幼年时便与您亲近，我资质愚钝却受到您的鼓励，倍感光荣。"士为知己者死"这句话我一直没敢忘记，您曾经和我约定：我死之后，万一路过我的坟墓，如果不以斗酒只鸡来祭祀，车过三步我就让你肚子疼痛，到时可不要怨恨怪罪我啊！这虽然是当时戏言，不过，如不是最亲密、最诚实的朋友，又怎么会说这种话呢？我现来祭祀您，怀念从前的老友，真是令人无限悲伤！我现在奉命东征，心中思念您，所以送您点菲薄的祭品，请您享用！

建安七年五月，袁绍被曹操打败后一蹶不振，身染重病，呕血而死。袁绍生前在政治军事上占据优势却一败涂地，由于没有及时处理好继承人问题，死后袁氏集团也迅速土崩瓦解。袁绍的长子袁谭品德宽厚，而妻子刘氏喜欢小儿子袁尚，经常在袁绍面前夸耀袁尚，最后袁绍也觉得袁尚越来越像自己，打算立袁尚为继承人。袁绍死后，袁氏集团内部因私废公，完全不顾曹操大敌当前，反而为争夺继承人的位置发生内斗。审配、逢纪支持袁尚，辛评、郭图支持袁谭，大部分人认为袁谭是长子，赞同袁谭为继承人。由于审配、逢纪与辛评、郭图有矛盾冲突，怕袁谭掌权后自己受到迫害，就捏造说袁绍遗令是要立袁尚为继承人。袁谭急忙赶到邺城时大势已去，于是他自命为车骑将军，驻扎在黎阳，至此袁谭与袁尚矛盾完全公开化，兄弟阋墙。在这种情况下，袁氏兄弟面对曹操进攻自然连连失败。

此时，令曹操十分头疼的刘备又被刘表派来骚扰边界，曹操派夏侯惇、李典前去抵挡。北方大局已定，同时，为了威慑和试探孙权、做好经略南方的准备，曹操决定趁灭掉袁绍的气势，命令孙权派其儿子到许昌作为人质。面对曹操的威胁，谋士张昭等人举棋不定，周瑜提出不同意见，他劝告孙权说："以前楚王被封于荆山之下时，方圆不足百里，其后代开拓疆土，在郢建立基业，后来势力到达南海，基业世代相传九百多年。现在，您凭借父兄威望，兼并六郡，兵精粮足，将士死效，何况江东可开山炼铜、煮海晒盐，土地富饶，水路畅通、交通便利，民不思变，所向无敌，有什么理由要听从曹操送去人质呢？人质一去，我们便不得不受制于人，哪能南面称王？不如暂不理会，静观其变，倘若曹操能遵循王道，以公正见称于天下，将军再归顺于他也为时不晚。"孙权决定对曹操的要求置之不理。

从建安七年九月到建安八年（203 年）二月，经历半年的进攻，曹操终于攻下黎阳。由于连战连捷，建安八年四月，许多将领都建议曹操立即乘胜攻打邺城。郭嘉建议说："袁绍爱其两子，一直没立继承人。二子都有党羽，一定会争斗不已。如果进攻太急，他们就会联合起来一致对外。如果我们攻势缓和，他们就会互斗。我们不如向南做出要征讨刘表的样子，以待二袁内斗生变。等变局生成，再进行攻击就会一举成功。"曹操采纳了郭嘉的建议，等五月收割完邺城周围的麦子作为军粮后，便率领大军回到许昌休整。

回到许昌之后，曹操深入总结袁绍迅速败亡的原因，除了指挥与用人存在问题之外，军纪涣散也是主要原因。建安八年五月，曹操为此颁发了《败军令》和《论吏士行能令》，强调赏罚分明的重要性。曹操在《败军令》中说："兵书《司马法》上规定：将军临阵脱逃，要处以死刑，我调兵遣将，常奖励有功之人，却没处罚有过之人。从今开始，众将出征，打败仗的要依法治罪。"《论吏士行能令》说："管仲认为贤能之人得到重用，统治者就能受到尊敬；战士凭战功获得奖赏，士兵作战就会勇敢。施行这两条天下就能治理得好。所以明君不任用无功臣子、不赏不作战的士兵，国家太平崇尚德行，战乱时则重用有功劳、有才能的人。"官渡之战使曹操更加充分认识到人才的重要性，于是向朝廷上《请爵荀彧表》，要求对荀彧封官加爵。荀彧表示自己没有亲自上战场，所以辞让加封，曹操亲自给他去信规劝，最后汉献帝下诏封荀彧为万岁亭侯。

建安八年八月，曹操准备率军向南攻打刘表。此时北方形势发生了变化，正如郭嘉所料，袁氏兄弟为了争夺冀州地盘自相残杀。袁谭进攻袁尚，王修劝他说："兄弟阋墙，这是自取灭亡！"袁谭问王修：“有何良策？”王修说：“兄弟二人就像一个人的左右手，与别人争斗却自断其手，如何能胜？进谗言的人，本来就想在你们兄弟争斗时以获取私利，你千万不要听信他们的谗言！应斩杀奸佞之人，使兄弟重新亲近和睦，联合抵御曹操，最后才能横行天下！”袁谭不听，继续与袁尚互相攻击，结果败逃平原。

袁尚穷追不止，袁谭走投无路。郭图在官渡之战中屡出损招，结果导致袁绍惨败，此时郭图又向袁谭建议说：“你地盘兵力少、粮食匮乏，如果袁尚进攻，我们难以抵抗。建议联络曹操，进攻袁尚。如果曹操进攻邺城，袁尚肯定撤兵，此时再引兵向西，邺城以北都会为我们所有；假如袁尚被攻破，其兵马也可以为我们所有。曹操远奔袭来，军队粮草难以为继，迟早会撤离，那时我们就有足够的实力和他对抗。”袁谭视郭图如父，采纳了郭图的建议，派遣辛毗去向曹操求救。辛毗向曹操转达了袁谭的意图，曹操十分高兴。

设宴款待时，曹操问辛毗：“袁谭可信吗？”辛毗回答：“有见解的人不问诚信与欺诈，袁氏兄弟相互残杀，袁谭虽然困顿，袁尚却打不败他，说明袁尚的势力也不强大。袁氏兄弟对外进攻不利、对内部谋臣不和，袁氏势力一分为二。连年征战，饥荒临头，国库空虚，行军打仗，士兵都无干粮。兵法说没有粮食，即使拥有坚固的城池和精锐的武装也不能取胜。若攻打邺城，袁尚不回师解救，邺城就会被攻破；若回师解救，则袁谭又紧跟其后，以您威武之师迎击穷困疲惫之敌，就如秋风吹落叶。上天把袁尚这块肥肉赐给您，您不取食，反而要攻打荆州，如今二袁未有远虑，只顾自相残杀，此之所谓乱，而居城之内、行军在外都无粮食，此之所谓亡。二袁正朝不虑夕，人心惶惶，这时您不去安抚，还想等待来年？一旦二袁悔悟、兄弟和睦,您就会失去用兵的机会。"

　　回味着辛毗的建议,曹操十分犹豫。荀攸建议说:"天下正值多事之秋,而刘表稳守江、汉之间,没有吞并四方的志向。袁氏占据四州,拥有甲兵十万,宽厚仁慈而受到民众拥戴。假使袁谭与袁尚和睦相处、坚守祖业,力量就会强大,那时就不易谋取了。现在趁他们内讧,确实应该消灭他们,这个机会千万不能失去!"曹操思忖:"当年我攻吕布之时,刘表并没有在我后方扰我,官渡之战他又按兵不动、坐看袁绍灭亡,由此可见刘表乃一守城之人,可以慢慢理会。袁氏兄弟反复狡诈,我们应该趁乱加以平定,即使这次袁谭使奸不愿意束手就擒,只要我们灭了袁尚,袁谭束手就擒指日可待。"于是曹操同意袁谭的请求,带领军队从南方撤回,乘机把辛毗留在自己帐下。

　　建安八年十月,曹操的军队到达了黎阳。为了稳住袁谭,曹操为儿子曹整娶袁谭的女儿为妻。袁尚听到曹操北返的消息,就撤走平原的围兵,回到邺城。建安九年(204年)正月,曹操率兵渡过黄河,为进攻邺城做准备,他下令截断淇水,引入白沟作为运粮的通道。二月,袁尚又开始攻打袁谭,只留下苏由、审配坚守邺城。曹操率兵到了洹水,邺城守将苏由主动示好曹操,并计划在曹军进攻邺城时从内策应。

　　此时,袁绍二儿子袁熙盘踞幽州,外甥高干盘踞并州。武安县令尹楷驻守毛城,保护通往上党的粮道畅通,以便让袁熙与高干联合起来。二人一旦联合,北方会逐渐形成牢固的一块,即使曹操攻下邺城,要想迅速统一北方也会很难。曹操很清楚这个形势,就留下曹洪攻打邺城,自己亲自带兵攻打尹楷。袁尚部将沮鹄驻守的邯郸县，也被曹军迅速攻克。曹操攻破尹楷，切断了高干的北援路线，拿下邯郸，就等于袁熙向东求救的通道也被阻断。袁尚的各方外援都被切断以后，失去外援，自然崩溃，易阳县县令韩范、涉县县令梁岐献城向曹操投降。

曹操大军开到邺城西南五十里的洹水旁驻扎下来，苏由暗中与曹操联络，准备与曹军里应外合拿下邺城。不料机密泄露，审配领兵与苏由在城中展开激战。苏由战败，投奔曹营。曹军企图挖掘地道偷袭破城，审配命令士兵掘深壕以阻曹军。审配部将冯礼打开城门放曹军入城，曹军刚冲入三百余人就被审配发觉，他命令从城墙上推下大石块砸向突破的中栅门，栅门被关闭，突入城中的三百多名士兵失去接应，全部战死。

强攻不成，曹操改变攻城策略，决定引漳水淹邺城。建安九年五月，曹军环邺城挖掘了一条长达四十里的壕沟，开始很浅。审配在城墙上望着曹军不停地挖土，没有派兵出城袭扰曹军。不料一夜之间曹军竟挖出一条深、宽各两丈的大壕，然后决漳河大堤，引水灌满壕沟。从五月到八月，邺城被围困的四个月中，城中因粮食短缺大半人饿死。

七月，正在围攻袁谭的袁尚听说邺城危急，忙带一万多精兵回救邺城。曹操众将都认为：“回救军队，人人都会拼死而战，应该避其锋芒。”曹操则认为：“如果袁尚从大道上返回，我们就避让。如果沿着西山而来，就表明他们做好随时后退的准备，不可能全力以赴战斗，那时我们可以活捉袁尚。”袁尚果然沿着西山前来，靠着滏水河扎下营寨。兵马行至邺城以西四十七里的阳平亭时，袁尚令士兵们燃起火炬与城中联络，城中审配守军也举火相应，于是审配传令守军从城中杀出,企图与袁尚配合夹击曹军。曹操命令将士迎头痛击试图突围的守军,守军抵挡不住曹军猛攻,又慌乱中退回城中,而袁尚兵马也被另一支曹军击溃,败退到曲漳扎营。

曹军乘胜追击,迅速对袁尚形成包围之势。袁尚派出阴夔和陈琳到曹营请降,遭到曹操拒绝。袁尚部将马延阵前投降,全军溃败,袁尚狼狈逃奔中山。曹军缴获了袁尚的全部辎重粮草和军用物资,并得到了袁尚的印绶、节钺及财物。曹操采取心理战术,把这些东西举示给守城将士,邺城守城将士看到外援无望,军心顿时大乱。曹军让辛毗带兵冲锋陷阵。审配在城东南角楼上,望见曹军攻入,痛恨辛毗、郭图败坏冀州,于是命人赶到邺城杀掉辛毗全家。审配的侄子审荣与辛毗交情深厚,对叔父的行为十分不满,于是飞箭传书与辛毗沟通消息。辛毗接信后报告曹操,曹操十分高兴。审荣当时把守邺城东门,趁夜向曹军献门投降。曹军攻入邺城,与审配指挥的守军在城中展开激战,最后生擒审配,邺城终于平定。审配被擒后,曹操本来打算让他投降,但是审配一脸凛然,始终不愿屈服。曹操下令杀了审配,见者无不为之叹息。

邺城被攻破之后,根据《魏书》记载曹丕首先冲入袁绍府中,看到袁绍次子袁熙之妻甄氏趴在婆婆膝盖上,虽然惊恐,却难掩其美貌,不禁怦然心动。曹丕走后,刘夫人对甄氏说:"咱俩不用担心生命安危了。"《世说新语》则记载,曹操听到甄氏被曹丕捷足先登后,怒说道:"我破城正为此女!"甄夫人后被曹丕赐死。《三国志》记载:"黄初元年十月,帝践阼。践阼之后,山阳公奉二女以嫔于魏,郭后、李、阴贵人并爱幸,后愈失意,有怨言。帝大怒,二年六月,遣使赐死。"其原因,据《魏书》记载,甄氏被封皇后时竟不愿意接受封号,说自己不是"贤淑"女子,不能为"魏皇后",这表明她在创立新朝宏业这一大是大非的原则问题上没有与"魏文帝"保持一致,内心并不以做新朝皇后为荣,因此触怒了曹丕。曹叡即位后,向郭后追问生母的死状,郭后愤愤不平地说:"何以责问我?且汝为人子,可追仇死父,为前母枉杀后母耶?"指出甄氏之死,责任在曹丕。

曹操占领冀州后,许攸居功自傲,屡次轻慢曹操,常直呼曹操小名阿瞒。曹操表面上虽然不在意,其实心存芥蒂。一次许攸出邺城东门,对左右说:"曹家人没有我进不得此门。"有人向曹操告发此事,曹操最终命人收押许攸并杀之。

曹操攻下邺城之后,亲自来到袁绍墓旁祭祀。曹操回忆当初与袁绍一起举兵时,袁绍曾问曹操:"如何大事才济?"曹操反问:"您认为怎么办好呢?"袁绍回答:"我南据黄河之险,北依燕、代之险要,再加以戎、狄,然后向南进发争夺天下,这样就可以成就功业!"而曹操说:"我要借天下贤才之智力,用先哲思想驾驭他们,然后就会百战百胜。"二人本为朋友,在乱世终成对手,想起袁绍此时已长眠地下,曹操仍然感伤不而流泪。东晋的史学家孙盛认为,曹操哭袁绍有点虚伪。孙盛言之有过。魏晋之人多率性而为,曹操对袁绍悲伤流泪应是真情流露。祭拜袁绍之后,他还慰问安抚袁绍家人,令人送还袁绍家的仆人和珍宝,令官府供给他们粮食。

三、平定乌桓

建安九年,曹操任冀州牧,对崔琰说:"我昨天查核户籍,冀州有三十万人之多,可以称得上是大州了。"崔琰回答说:"现在九州分裂,袁尚、袁谭兄弟干戈未止,冀州百姓尸骨遍野。您不去以仁政为先导救民于水火,却算计甲兵多少,这难道是冀州百姓对您的期望吗?"曹操肃然动容,立即向他表示歉意。

有人建议曹操恢复古代的行政区划制度,设置九州,冀州控制的地盘更加广大,实力更加雄厚。曹操打算采纳这个建议,而荀彧阻止说:"主公打败袁尚、捉住审配,已经让天下震动、人人自危。一旦兼并了河东、扶风、河西等,冀州地盘太大,豪强们更加恐惧。现在很多人在劝说关右诸将闭关拒守,这表明他们已经不信任您。一旦发生变乱,即使守善之人,在威迫之下也会为非作歹,那么袁尚、袁谭很难平定,刘表在江、汉之间,一统天下遥遥无期。我希望您迅速平定河北,然后南征荆州,天下都了解您的心意,人人安心,这才有助于国家长久的发展。"曹操因此搁置恢复古制的计划。

为了安慰河北民心,建安九年九月,曹操颁布命令,明确黄河以北遭受袁氏父子之害的百姓不用交今年的租税,以此来缓解尖锐的社会矛盾,促进社会生产的发展。为发展自耕农经济,曹操还出台《抑兼并令》《田租户调令》,实行农村税费改革,加重对豪强兼并土地的处罚。令中说:"治理国家,不担心粮食少,而担忧不公平;不担心国家贫困,而担忧社会不安定。袁绍占据冀州的时候,豪强地主恣意妄为,兼并土地,老百姓贫困弱小,反而要替豪强地主出赋税,卖完所有的财产都不足以完成赋税。审配家族甚至藏匿罪犯,成为逃犯的主人。这样还想让百姓归顺、军队强大吗?现在税收每户只收四升粮食、二匹绢、二斤棉,不得另外擅自增税。各地方官一定要严格执行,决不允许豪强隐瞒赋税不交,却把赋税强加给贫困的百姓。"

曹操在此令中明令禁止不得另行摊派、增加农民负担，尤其特别关注对弱势群体的保护和对豪强的严格执法问题，产生了良好的社会影响。献帝下令让曹操兼任冀州牧，曹操便辞去了兖州牧之职。

曹操包围邺城之时，袁谭乘机攻占甘陵县、安平国、渤海国、河间国等地。袁尚战败，逃回中山国，袁谭继续进攻袁尚，袁尚只得逃往固安县，其部队也被袁谭吞并。曹操写信给袁谭，谴责他违背和约，并与他断绝儿女婚姻关系，然后进军讨伐。建安九年十月，盘踞并州的高干投降，曹操任命高干为并州刺史。十二月，曹操进入平原县，夺回被袁谭攻占的郡县，袁谭奔向南皮。

建安十年（205年）正月，曹操对袁谭发起进攻，柳城乌桓打算出兵相助袁谭，曹操因牵招曾领导过乌桓兵，便派牵招与其交涉。乌桓峭王准备率领五千骑兵救助袁谭，恰逢辽东太守公孙康也遣使臣韩忠送印绶给乌桓峭王。峭王大宴众人，韩忠在座。峭王问牵招："从前袁绍受天子之命封我为单于，现在曹操又封我为真单于，辽东公孙康亦持印绶而来。这样看来谁才是朝廷的正式代表？"牵招回答说："从前袁公承天子命令，当然可以有所拜封，现在天子命令曹公取而代之。他上书朝廷拜您为真单于，而辽东是汉朝臣属，哪有权封赏呢？"韩忠发难："我主拥兵百万，又有扶余、濊貊为我所用。当今形势，强者乃为王！"牵招呵斥韩忠："曹公智慧英明，拥戴天子，讨伐叛乱，安抚各地，四海安宁。你们凭借远险违抗王命，擅权封拜，竟敢目无朝廷？"说着便将韩忠按倒在地，拔刀欲斩。峭王惊恐，赶忙赤脚拦住牵招，劝他息怒，宴席左右都被牵招气势镇住。牵招回席就座，从容分析当今天下形势，乌桓众人吓得离席拜跪，他们最后拒绝了韩忠，停止救助袁谭。

袁谭当然不甘心坐以待毙，出兵迎敌，战力大增，战斗从早晨持续到中午，一直未见胜负，导致曹军伤亡甚多。曹操想暂缓进攻，曹纯劝阻说："我们千里奔袭，与敌人交战，还没有彻底消灭敌人就匆匆退兵，必然会折损军威，况且我们是孤军深入，难以持久作战。现在敌人因为暂时的胜利而开始骄傲，我军则因进攻受挫而变得谨慎小心，以谨慎小心对阵骄傲大意，我们定可以获得胜利。"曹操觉得他言之有理，就亲自擂起战鼓，士卒精神大振，最后一举攻下了南皮。曹操当初进攻袁谭时，一些老百姓为了逃避差役而逃亡，曹操下令一旦捉住立即处死。曹军即将胜利时，一些逃亡的人到军中自首，曹操对他们说："接受你们自首就违背了军令；杀死你们，又等于处死认罪之人。你们回去躲藏起来吧，不要让官吏们捉到。"这些人感激涕零。曹操将袁谭斩首示众，并发布命令，敢哭袁谭者格杀勿论。袁谭的部下名士王修在高密听说袁谭被杀，毫不畏惧曹操的严令，大哭说："我现在没有主公了！袁谭活我听其命令，袁谭死我不为他哭泣，这不是义。怕死忘义，何以立世？"王修冒死恸哭，为袁谭收尸，惊动了曹操。他对曹操说："我受袁氏厚恩，若能替袁谭收尸，死也无憾！"曹操欣赏他是一个义士，就下令释放了王修。

鉴于袁绍当年治理河北严刑峻法，平定冀州后，为稳定人心，曹操颁布了《赦袁氏同恶令》，大赦跟随袁绍之人。曹操还在冀州革除旧弊，移风易俗。《魏氏春秋》记载，陈矫本是刘氏子，后来出嗣给其舅舅，陈矫后来与本族结婚，遭到非议。曹操爱惜陈矫的才华，就下令说："不要随意诽谤别人，建安五年以前发生的事情，都不要再评议追究。"曹操还严禁私自报复杀人和厚葬之风，违者一概严惩。

此时，袁绍次子袁熙的手下大将焦触、张南反叛攻打袁熙、袁尚。袁熙、袁尚二人逃往辽西、上谷、右北平三郡的乌桓地区，焦触等人献出城池，投降曹操。曹操任命朱灵带领新兵五千人、战马千匹守卫许南，并告诫朱灵："冀州的新兵训练不足，军纪涣散，如今我们要严明军纪，他们心中肯定会怏怏不乐。你既要严格要求，同时关怀他们，小心发生叛变。"中郎将程昂果然谋反，朱灵立即将其斩杀，将此事报告曹操并深深自责，曹操宽慰他，要做大事就不必为琐事所惧。

建安十年四月，赵犊、霍奴等人杀死幽州刺史。八月，曹操带兵征讨，把赵犊等人斩首，并亲自渡过潞河援救广平。乌桓守兵看形势不对，逃到塞外。当高干听说曹操前往讨伐乌桓时，就乘机在并州叛乱，派兵守住壶关口。曹操派乐进、李典二人前去讨伐，高干退守壶关。

建安十年九月，曹操再次颁布革除风俗弊病的命令："结党营私，为古代圣贤们所不齿。听说冀州一带，父子或相互诽谤，或胡乱吹捧。从前直不疑没有兄长，却有人诽谤他与嫂子通奸；第五伦娶了三位夫人，三个夫人的父亲都去世了，却有人诬蔑他殴打自己岳丈；王凤专权把持朝政，谷永却将他与贤相申伯相提并论；王商忠正不阿，张匡却诋毁他搞歪门邪道。这些都是颠倒黑白的谣言。上述陋习不除，是我终生耻辱。"

建安十一年（206年）正月，曹操亲自领兵征讨高干，派曹丕留守邺城。曹丕喜欢打猎。崔琰上疏规劝说："周文王不敢以打猎为乐，《尚书》记载此事，作为后人借鉴。鲁隐公外出观鱼，《春秋》因其非礼而讥刺他。夏桀无道，《诗经》说'殷鉴不远'；《礼记》记载此作为鉴戒。袁绍家族富强，放纵玩乐极为奢侈，天下人没有听说袁氏正义之举，明哲君子、勇武壮士皆不肯为他们所用，这就决定了袁氏虽然拥有百万民众、地跨整个河北，最终却死无葬身之地。现今国家衰败，百姓期盼德政。您父亲戎马征讨、操劳辛苦，您应当严守正道、谨慎端正，不要四处奔驰，只为猎获野鸡兔子这类小小的娱乐，忘了国家社稷之大事。"曹丕幡然悔悟。崔琰等正直人士辅佐曹丕，终于引领曹丕成长。

曹操出征高干前为鼓励将士上表汉献帝，嘉奖乐进、于禁、张辽。曹操认为他们计谋周全、品性忠正、操守高洁，每次征战身先士卒、勇猛顽强、无坚不摧，统率全军，抚慰将士，纪律严明，秋毫无犯。曹军征讨一路坎坷，途经太行山羊肠坂道，曹操写下《苦寒行》：

北上太行山，艰哉何巍巍！

羊肠坂诘屈，车轮为之摧。

树木何萧瑟！北风声正悲。

熊罴对我蹲，虎豹夹路啼。

溪谷少人民，雪落何霏霏！

延颈长叹息，远行多所怀。

我心何怫郁？思欲一东归。

水深桥梁绝，中路正徘徊。

迷惑失故路，薄暮无宿栖。

行行日已远，人马同时饥。

担囊行取薪，斧冰持作糜。

悲彼《东山》诗，悠悠使我哀。

诗歌用质朴无华的笔触展示了行军的艰难：弯曲如肠的坂道，风雪交加的恶劣天气，食宿无依的困境。诗人如实记录了艰难的军旅生活以及思乡情绪，诗歌弥漫着悲凉之气。曹操身为统帅却没有故作英豪之态，感情真挚动人。

高干听说曹操亲自率领大军进攻壶关，自料不能抗衡，留部将夏昭、邓升守城，自己向匈奴单于呼厨泉求救。呼厨泉畏惧曹操强大的实力，名义上已归附曹操，拒绝了高干的请求。曹操在壶关围住高干，宣布攻下城池后将里面的人全部活埋，遭遇守兵的顽强抵抗，围攻数月却没能拿下。曹仁对曹操说："我们攻城，必须给城里的人留一条生路。您表示要将城里的人尽数活埋，他们当然要全力以赴抵御。壶关城池坚固，储粮又丰，如果强攻则伤亡肯定惨重，只是围困肯定旷日持久，这不是上策。您理应表现仁恕之心，给守兵必要生路，这样也方便攻城！"曹操于是撤回了命令，投降者免死，结果壶关守将投降。高干进退失据，只能南下荆州投靠刘表，在途中被司隶校尉王琰所杀，首级被献给曹操。

建安十一年十月，曹操回到了邺城，发布了《求言令》，令中说："治理国家、统领军民，需要正直官吏，要力戒面谀。这实是君臣之间恳诚相见的要求。我常常怕出偏差，这几年来没有听到好的意见，这说明我做得不够。从今以后，官员要在每个月初互相评论，以匡正我的过失。"此时，曹魏屯田也取得进展，曹操让国渊继续广泛屯田。国渊屡次亲自考察土地，安置民众，明确考核办法，因此百姓乐于耕田，此后五年之内，曹军粮仓丰实。这一年，曹操最喜爱的孙子曹叡出生，曹操常令他伴随左右。曹叡年幼聪慧，曹操觉得他异于寻常小孩，在朝会时常让曹叡与近臣并坐——有意栽培这个孙子。

　　建安十二年（207 年）二月，为了笼络人心，曹操下令奖励功臣。他作《封功臣令》："自举起义旗、平定暴乱，到现在已整整十九年，这期间每战必胜，难道这是我一个人的功劳吗？这都是贤才智士、文武百官尽忠尽力的结果。现在天下还没有完全太平，还需大家一起努力，独享功劳，我岂能安心？应该尽快给其他人论功行赏。"同时颁布《分租与诸将掾属令》，他再次强调与众人共享富贵的愿望。在曹操的坚持下，功劳卓著的二十多人被封为列侯。

　　袁尚逃往乌桓，曹操准备带兵进攻乌桓，彻底消灭袁氏势力，然而，很多人表示反对。众人认为袁尚不过是一个狼狈逃窜的亡虏，乌桓乃夷狄，贪而无亲，不会有人帮助袁尚，无须用兵。另外，乌桓地处偏远，曹军一旦远征，刘备一定鼓动刘表乘机偷袭许都，"万一为变，事不可悔"。

　　只有郭嘉断定刘表不会相信刘备，支持曹操果断出兵。郭嘉说："主公虽威震天下，但乌桓依恃偏远，一定不会设防。乘其不备，突然攻击，就可以一举消灭他们。袁绍对乌桓有恩，而袁尚兄弟还在。现在冀州百姓只因我们威势而暂时归附，如果放弃消灭袁尚的天赐良机却南征刘表，袁尚就会依靠乌桓的资助，卷土重来。那时恐怕青、冀二州就不在我们手里了。刘表，坐谈客罢了，他知道自己的能力不足以驾驭刘备；想重用刘备又怕不能控制他，刘备最终不会为他所用。所以，我们虽然在国内兵力空虚的情况下远征，实际上不用多虑。"听到郭嘉的分析后，曹操下令出征。走到易县，郭嘉又建议说："兵贵神速，我们奔波千里偷袭敌人，军用物资太多，难以顺利迅速地前进。对方一旦知道，一定会做好防备。我们不如留下军用物资，轻装上阵，加速赶路，出其不意地攻击敌人。"曹操于是下令轻装急进。

　　七月，因大雨洪水，道路泥泞不堪。曹操征召隐士田畴，田畴听到曹操召见，马上令门客收拾行李，整理行装。门客问他："过去袁绍召见您，来了多次，您置若罔闻、若无其事，现在曹公使者第一次来，您就迫不及待，何故？"田畴笑着回答说："非你们所能明白。"面对泥泞的道路，曹操很忧虑，请教田畴该怎么办。田畴向曹操建议："这条道路在夏季常常积水，浅处不能通行车马，深处又载不动船只，多年都是如此。原先的北平郡治所在平岗县，从卢龙塞直通柳城，从汉光武帝建武年间以来断绝近二百年了，隐蔽的小路还可以找到。如果我们率军悄悄返回，从卢龙口越过白檀，路又近又好走。攻其不备，不战即可捕获守兵首领蹋顿。"曹操大喜，在水边路旁竖起大木头，写道："正是暑热夏季，道路不通，姑且等到秋冬季节战。"乌桓军信以为真。曹操命令田畴做向导，翻越徐无山，经过卢龙和平岗。

曹操
传

　　八月，曹操登上白狼山，突然与乌桓军遭遇。乌桓军数量很多，此时曹军的辎重物资还在后面，穿战甲的人很少，左右都很害怕。曹操登上高处，望见敌军队伍混乱不整，便命张辽为先锋，率先主动进攻，乌桓军四散崩溃，蹋顿以及部族中许多首领都被斩首，曹操把蹋顿的首级系在马鞍上，降军多达二十万。辽东单于速仆丸及辽西、右北平的首领，与袁尚、袁熙逃往辽东，随从的只有几千骑兵。当初辽东太守公孙康自恃偏远不服从管辖，等到曹操打败了乌桓，有人劝曹操应该乘胜征伐公孙康，活捉袁氏兄弟。曹操说："不急，等着瞧，公孙康不久就会把袁尚、袁熙的脑袋送来，无须再派兵。"九月，曹操决定带兵从柳城回返。

在这次远征乌桓的途中，到达昌黎时，曹操东临碣石，面对着浩渺无际的大海，内心波澜壮阔、感慨万分，借乐府旧调写下了千古名篇《观沧海》：

东临碣石，以观沧海。

水何澹澹，山岛竦峙。

树木丛生，百草丰茂。

秋风萧瑟，洪波涌起。

日月之行，若出其中。

星汉灿烂，若出其里。

幸甚至哉，歌以咏志。

曹操胸怀壮烈，诗境也是心境，吞吐宇宙的大海也是曹操开阔胸襟的写照，全诗表达了豪迈乐观的进取精神。随军的曹植写下了《泰山梁甫行》：

八方各异气，千里殊风雨。

剧哉边海民，寄身于草墅。

妻子象禽兽，行止依林阻。

柴门何萧条，狐兔翔我宇。

此诗以白描的手法，反映了此次出征所看到的边海农村的残破荒凉景象，表达了曹植对下层民众的深切同情。

逃到辽东后，袁尚同袁熙商量："我们现在到辽东，公孙康肯定会见我。我准备乘机替兄长亲手杀掉他，占领辽东，扩大我们的势力。"公孙康心里也打算捉住袁尚向曹操邀功，事先将一批精强勇武的猛士安排在马棚里，然后出来邀请袁尚、袁熙。袁熙心中起疑，不想进去，袁尚让他一同进去。二人进入室内，还没来得及坐下，公孙康喝使伏兵捉住他们，让二人坐在结冰的地上。袁尚对公孙康说："能给我们座席吗？"公孙康说："你们的头颅马上就要走万里路，要席子干什么用？"于是砍下二人的脑袋送给曹操。

经过曹操多年的征伐，北方终于结束了战乱，迎来了统一与和平。

当时天气寒冷，二百里之内都没有水，军队又出现军粮短缺的情况，曹军下令杀了几千匹马作为食物以解燃眉之急，又凿地三十余丈取水。曹操回到大营后，询问以前建议不要攻打乌桓的那些人在哪，这些人都很恐惧。没想到曹操对他们进行了厚赏，曹操说："此次征讨获胜是侥幸，这样的事情不会经常有。现在回想起来，你们原先的建议才是万全之策。我赏赐你们就是想告诉诸位：以后提建议不要顾虑，要言无不尽。"由此可见，曹操善于调动谋士的积极性，善于用人。

没过多久，正如曹操所料，公孙康把袁尚、袁熙、速仆丸等人头颅送到曹操军中。有将领好奇地问："主公带兵返回，公孙康反而砍下他们脑袋送来，何故？"曹操说："公孙康平素就惧怕袁尚等人，如果我们外攻太急，他们就会合力对付我们。我们暂缓进攻，他们就会自相残杀。"田畴曾被袁尚所征召，前往吊唁，曹操不仅并未追究，反而下令奖赏田畴，上表封田畴为侯、食邑五百户，赞赏其忠义可嘉。十一月，曹操到达易水岸边，代郡乌桓单于普富卢、上郡乌桓单于那楼带领本族头领赶来庆贺。至此，原先袁绍所占据的冀州、青州、幽州、并州以及袁绍的残余势力全被曹操平定。

曹操论功行赏，其中上表朝廷赐爵田畴，被田畴拒绝，曹操又赐给田畴车马粮谷丝帛，田畴又把这些赏赐都分送给了族人和旧友。曹操认为其功劳很大，说道："辞让是成全了你一个人的志向，却损害了国家的法律制度。"曹操还想给田畴封侯，田畴终究没有接受。有司弹劾田畴偏狭固执，应该加以处罚。曹操决定将此事交给曹丕及僚属讨论处理。曹丕、荀彧等人认为，应成全田畴的志节。曹操心有不甘，因为田畴向来与夏侯惇关系好，曹操对夏侯惇说："你来劝劝他。"夏侯惇规劝田畴，而田畴有意不提受封之事。夏侯惇离去时，说道："田君，主上如此心意，你难道不明白吗？"田畴回答说："田畴蒙受恩惠得以全活，这已是够幸运。将军素来了解田畴，如果执意逼我，只能以死相抗。"夏侯惇将情形都报告给了曹操，曹操听后喟然叹息，不再勉强田畴。

　　曹操此次征讨也有巨大损失——失去重要谋臣郭嘉。从柳城回来途中，气候恶劣，郭嘉水土不服，再加上日夜行军又操劳过度，患病去世，年仅三十八岁。在曹操众多的谋士中，荀彧虽号称是第一谋士，但荀彧忠于汉朝，曹操其实很忌惮荀彧。比较而言，独郭嘉最了解曹操，两人关系亲密，"行同骑乘，坐共幄席"。曹操治军严明，对谋士要求也很严格，对"体通性达"的郭嘉却格外宽容，认为郭嘉是"非常之人，不宜以常理拘之"。

　　在长年征战生涯中，曹操也总是让郭嘉跟随左右，随时咨询军国大事，郭嘉计策几乎从无失算。曹操对郭嘉寄予厚望，可惜天不假年。曹操对郭嘉去世十分心痛，反复说："哀哉奉孝！惜哉奉孝！痛哉奉孝！"他在《请追增郭嘉封邑表》中说："褒扬忠良，要根据其功绩。郭嘉屡献良谋，他立身行事为乡邦所称赞。他随我从军十多年，我们东擒吕布，西取睢固，北斩袁谭，荡定乌桓，震威辽东，最后消灭袁尚。虽然最终假借天威取得胜利，但其中郭嘉的功劳非常大。当年霍去病英年早逝，汉武帝深感惋惜。郭嘉去世的确令人伤心，追封郭嘉目的，就是褒扬死去的人，激励活着的人！"

曹操后来赤壁之战失败，其所总结的原因之一就是没有郭嘉的参谋，不然"若奉孝在，孤何以至此"。可见他对郭嘉的信任。

曹操
传

第五章　挥师南下

一、荆州闻风而降

　　曹操平定中原之后,要统一天下。征伐南方就摆在面前,而荆州乃第一个目标。

　　建安十三年(208年)正月,曹操回到邺城,因担心北方人不习惯水战,就开凿玄武池以训练水军。同时,询问荀彧南向的具体计策。

　　六月,废除三公制度,设置丞相、御史大夫,曹操被任命为丞相。汉初刚开始设有丞相,后来废除,自西汉哀帝至东汉献帝建安十三年,二百余年间不设丞相,重新设置丞相,就是为曹操掌控朝政。曹操成为丞相后,对崔琰说:"您具有伯夷、史鱼的风范,贪夫因敬仰您的大名而变得清廉,壮士因崇尚您的名声而更加勉励自己,可以做时代表率。"

　　孔融看出曹操想取代汉帝自立的野心,便多次以士林领袖的身份攻击甚至戏侮曹操。最能触动曹操敏感神经的,是孔融在建安九年上奏要求仿照西周故例,为献帝划出直辖千里的"王畿",以管理子民,征收赋税。平心而论,孔融的提议迂腐而荒谬,根本不可能实行,只能归于空谈,但是,隐含加强皇权、限制曹操相权的意思,矛头直指曹操。曹操担心孔融的言论影响扩大,就开始拉拢孔融。曹操本来想利用他孔子嫡裔、士人领袖的身份来笼络世家大族,结果孔融反而成了他专权代汉道路上的一大障碍。于是曹操担任丞相后,第一个打击的对象就是孔融。

曹操和孔融的矛盾由来已久。当曹操攻下邺城、曹丕私娶甄氏时,孔融就写信给曹操说:"武王伐纣,把妲己赏赐给周公。"曹操不明白,问孔融这出于何经何典。孔融答说:"想想现在发生的事情,就会明白。"

曹操讨伐乌桓,孔融又讥笑他说:"大将军远征,萧条海外,乘此机会把从前肃慎不进贡苦矢、丁零偷盗苏武牛羊等罪过一并清算!"常年战争,粮食困乏,曹操颁布禁酒令,禁止使用口粮酿酒,可是遭到孔融的讽刺和反驳。曹操说:"酒不是一个好东西,饮酒丧德。为正世风,所以要禁酒。"孔融则反驳说:"古圣贤喜欢喝酒众多,譬如:帝尧千盅不醉,才太平天下;孔子百觚不倒,才能称作圣人;刘邦醉斩白蛇;樊哙醉解鸿门;汉景帝醉宠唐姬生下中兴之主;袁盎不靠酒不一定能逃脱性命;郦生是高阳酒徒,却立下赫赫功劳;屈原不愿意沾酒,结果在政治上败得一塌糊涂。"曹操说:"不见得吧?很多当政者都是误在酒上,譬如夏桀、商纣都是因为好酒而丢了天下。"孔融说:"夏桀、商纣还因为女色丢了天下,那你是不是还要禁止人们结婚呢?其实你禁酒的真正用意不过是吝惜粮食罢了。"

曹操做《作书与孔融》表示不愿意与孔融交恶,他承认自己"进不能风化海内,退不能建德和人",表示隐忍。直到孔融上奏,应当遵照古时京师的体制,千里以内不得封设诸侯。这等于要尊崇天子、扩大汉室实权，引起曹操的极度忌恨，于是曹操杀机顿起。

曹操表面上装着容忍，暗中盘算如何除掉孔融。孔融乃天下名士，一方面曹操不想背负滥杀无辜的罪名，另一方面如满宠所言，做事要服众，不能失去民心。曹操就思考给孔融罗织合适的罪名，于是，他安排郗虑出任御史大夫。郗虑一上任，曹操就马上指使他搜罗孔融的过错。郗虑揣摩到曹操的心事，很快就搜罗到给孔融定罪的证据：孔融曾经扬言"有天下者，何必卯金刀"。"卯金刀"就是繁体的"刘"字，这是谋反的论调。

曹操认为仅此一项罪名还不够，命郗虑继续秘密调查搜罗，郗虑又收集到孔融两大不敬的言论：一个是不尊重先哲。孔融曾和祢衡互相吹嘘，祢衡赞孔融是"仲尼不死"，而孔融则回赞祢衡是"颜回复生"。另一个是不尊孝道。闹饥荒的时候，孔融曾经对别人说如果父亲不好，宁肯把东西让别人吃，让父亲饿死。父子关系其实就是情欲发作的关系，母子关系就像一件东西暂时寄放在瓶里，倒出来后双方就毫无瓜葛了。

汉朝以孝道治天下，曹操终于以不忠不孝的罪名最后杀掉了孔融。京兆人脂习与孔融相好，曾劝诫孔融不要太过刚直。等到孔融被害后，许昌没有人敢为其收尸，脂习前往抚尸说："文举弃我而死，我也不活了。"毕竟孔融名气太大，曹操作《宣示孔融罪状令》进行解释："孔融已经伏罪，可是还有人羡慕其虚名。大家只看见孔融的表面，没有考察他惑乱风俗。孔融说，若是遇到饥馑，如果父亲不好，宁愿赡养别的人。孔融违反天道，破坏伦理，虽然已经死了，我仍然认为他死有余辜，死得太晚。"

建安十三年七月，曹操南征刘表，曹丕、刘桢等随曹操南征。曹丕在《述征赋》中描述了大军出征时的盛况：战鼓轰鸣，军旗飘飘，甲光向日，军队整齐肃严。仰仗天子，沿道而出，依靠朝廷的法度，顺着长风，一定能够平定南方的叛乱，安定国家的边疆。

此时的刘表年岁已暮，他有两个儿子，长子刘琦和次子刘琮。刘表听信后妻的话偏爱小儿子刘琮，不喜欢刘琦。刘琦十分器重诸葛亮，所以他常常想找诸葛亮商拟保全自己的办法，但诸葛亮总是加以拒绝。刘琦有一次请诸葛亮游览后花园，一同登上高楼饮酒，他派人暗中将梯子抽走，然后对诸葛亮说："现在上不着天，下不着地，从您口中出来的话只进入我的耳中，您总可以指教一下了吧？"诸葛亮说："您没有看到晋公子申生留在宫内遭受谋害，重耳逃亡在外却得到安全吗？"刘琦茅塞顿开，于是便策划逃出。

当时，正逢刘表部下的江夏太守黄祖去世，刘琦借机脱身，主动申请去担任江夏太守。后来刘表病重，刘琦回襄阳探望。由于刘琦素来慈孝，张允等人怕其父子二人相见后亲情相感而立刘琦为嗣，于是不许刘琦入内探望，并说："镇守江夏是个重任。你如今擅来襄阳，主公知道后必定会加以怒责。此举有伤亲情，最终只会使他的病情恶化，这实在不是孝敬之道。"刘琦被拒门外，只得流涕而去。建安十三年八月，刘表病死，刘琮便在蔡瑁等人的支持下继位。刘琦和刘琮兄弟从此结怨。

九月，曹操率兵抵达新野，大将军蒯越、从事中郎韩嵩和东曹掾傅巽等人劝说刘琮归附曹操。刘琮说："如今我与诸位拥有整个楚国的地盘，守着先君传下的家业以抗曹操。为什么要归顺曹操？"傅巽回答说："决策一定要合乎理义，强弱也依据形势而变化。如今我们臣下抗拒天子，这是大逆不道，形势对我们极为不利。再说，我们依靠刘备迎击曹操的南下雄师，如何抵挡得住呢？处于明显劣势，却想和朝廷派出的南征大军交战，岂不是自取灭亡？将军自以为与刘备，谁更有本事？"刘琮回答说："我的确不如刘备。"

傅巽进而说道："刘备尚不能战胜曹操，我们如何抵挡曹操？退一步来说，即使战胜曹操，刘备在此，您还有可能继续当这个荆州牧吗？希望将军不要再犹豫。"同时，王粲也认为刘琮归降曹操乃上策："天下大乱，豪杰并起，家家欲为帝王，人人欲为公侯。观察古今成败之理可以发现，谁能抢得先机，谁就能得到福泽。现在，请将军自己考虑一下，您能比得上曹公吗？"刘琮无言以对。

王粲继续分析道："曹操是人杰，英雄谋略冠盖当今，他打败了袁绍，赶走了孙权，攻破乌桓，用兵如神，平定的地方不可胜计。将军应该卷甲倒戈，应天顺命，归顺曹公，曹公一定厚待将军，这是万全之策。我遭乱流离，托命来到荆州，蒙受将军父子重顾，有话不吐不快。"刘琮被二人说服，建安十三年九月，曹操的大军开到襄阳，刘琮不战而降。

曹操占据荆州之后，便以刘琮为青州刺史，封列侯，任命原刘表手下的大将文聘为江夏太守，并任用荆州名士韩嵩、邓义等人。最让曹操高兴的是不仅得到荆州，还得到荆州名士蒯越、王粲、邯郸淳以及书法家梁鹄、音乐家杜夔及文聘等一大批优秀人才。曹操渡过汉水之后，文聘才来投奔，曹操问他为什么来得这样晚，文聘说："先前不能辅助刘表，荆州没能保全，本想占据汉川、保卫国土，生不辜负刘家孤儿，死不愧于地下旧主。然而，形势迫不得已，实在惭愧悲伤没脸早和您相见。"

看到南进顺利、人才归顺，曹操回忆当初郭嘉也想随他一同南下，成就功业，可是英年早逝，壮志未遂，他不禁抚今忆昔，在《与荀彧书追伤郭嘉》中说："郭嘉死时不到四十岁，跟随了我十一年，同生死，共患难，处事果断。我本打算对郭嘉托以后事，谁知他英年早逝，我真的非常悲痛。今上表增加他为千户侯，但是，这对郭嘉又有什么用呢？只能徒增我的悲伤！郭嘉是真正了解我的人，他本身多病，南方气候湿雨易生病，常常说我到南方，一定不能活着回来。他议论天下大计，总是说应该先平定荆州，这可以看到他出谋划策是不顾自身安危，以解国家之难。我怎么能轻易忘记他呢！"曹操说这些话，其实也是暗示荀彧要忠于自己。

为了笼络荆州人才，曹操上表封蒯越等十五人为侯，曹操也得到他们发自内心的尊重。曹操与他们举行宴会时，王粲给曹操敬酒说："袁绍崛起河北，倚仗兵多将广，志在夺取天下，他虽爱惜贤才，却不能真正重用人才。刘表盘踞荆楚坐观时变，避难到荆州来的贤士都是海内俊杰，可是，刘表不善于任用他们，以致危难时无人辅佐他。您平定冀州的时候，下车就整顿冀州军队、延揽当地的豪杰，因此才能称雄天下。今天平定江、汉，又征召贤才，使各居其位，天下人真正归心。"

曹操是诗人，也是书法家，他最喜欢的是梁鹄书法。曹操常把梁鹄的书法作品挂在帐中，或者钉在墙壁上，时时赏玩。当时，宫殿题署大多都是梁鹄的作品。杜夔擅长音律，管弦等各种乐器都无所不能，且继承并创新了古乐。曹操爱惜杜夔之才，令他创制雅乐，充分发挥其作用。铸钟工柴玉，所铸之钟多为达官贵人所喜爱。一次杜夔令他铸钟，觉得他铸的钟声清浊多不如法，多次令他重铸，柴玉反说杜夔是任意而行，拒不照办。两人请曹操决断，曹操经过反复试听，确定是柴玉制作有问题，自此杜夔一举成名。

结交新朋友以后，曹操还不忘老朋友。《逸士传》记载，曹操平定荆州后祭奠了自己的老朋友王儁。王儁，汝南人，年少时和范滂、许章相识，和南阳人岑晊是朋友。曹操早年还是一介布衣之时，喜欢和王儁来往交流。王儁认为曹操有治世之才，后来袁绍和袁术丧母，送回汝南安葬，王儁与曹操乘参加这次吊唁活动的机会见面，曹操与王儁密谈："天下将要大乱，袁术和袁绍兄弟将是祸乱的根源。如果想要救天下，为百姓请命，不杀掉这两个人是无法平息祸乱的。"王儁说："能救天下者，除了你还有谁呢？"王儁此言一出，二人相视而笑。

王儁外表清静无为，内则明澈洞悉，他看到天下即将大乱，不受汝南郡府辟官，避居武陵，归附王儁的人有一百余家。献帝迁都许昌后，曹操征王儁为尚书，王儁还是不肯就官。刘表曾经看袁绍势力强大，欲私下与袁绍联合，王儁对刘表说："曹操是天下英雄，将会成就齐桓公、晋文公那样的霸业。您不联合曹操，反而联合袁绍，一旦遇到战事，遥等袁绍救援，岂不是难事？"刘表不听王儁的话。王儁在荆州武陵寿终正寝，年六十四岁。曹操平定荆州后，亲自迎丧王儁，按照其意愿改葬江陵。

二、赤壁之战

曹操攻下荆州之后，盘踞蜀中的刘璋也感到了压力，他一方面派阴浦、张松向曹操表达敬意，接受征兵和纳税，另一方面象征性地派出老兵三百人，参加曹操的军队。曹操以朝廷名义加封刘璋为振威将军,封其兄刘瑁为平寇将军。

张松到曹操那里,没有受到礼遇,耿耿于怀,回来后,劝说刘璋同曹操断绝关系。他对刘璋说:"刘备与您为宗室兄弟,可以与他结交联盟。"刘璋于是派法正前往与刘备结好联盟,随即又指示法正和孟达送去数千兵卒帮刘备抵御曹军。

建安十三年九月,刘备为避曹军锐气,与诸葛亮、徐庶等率十余万军民仓促南撤,退向战略要地江陵,并令关羽领万余水兵顺汉水、溯江水会师。刘备至当阳长坂与鲁肃相见,接受其劝说,愿率军转东,向孙权靠近。此时曹操已过襄阳,恐怕刘备先占江陵,亲自率领精骑五千,昼夜兼程三百多里,追上刘备将其击败,并捕获徐庶之母,迫强徐庶来归顺。张飞率二十骑断后,拆长坂桥,勒马横矛,让曹军疑惧,刘备这才侥幸脱险东奔汉津,路上恰遇关羽船队,刘琦也领万余人前来接应。刘备率军顺汉水至夏口,先遣诸葛亮至柴桑见孙权,共谋抗曹,并屯樊口。

曹操刚刚拿下荆州,收编了刘琮的水军、步兵,壮大到几十万人。曹操给孙权写信说:"近来我奉命讨伐有罪之人,大军南向,刘琮束手就擒。我现率领大军七十万,想在东吴陪你打猎。"恐吓意味甚重。

孙权把曹操的信给群臣看后,大部分人都非常惊恐。孙权召集部下征询对策。许多人建议投降,理由是曹操豺虎之人,挟天子以征天下,动辄就说是朝廷旨意。东吴抵御曹操的只有长江天险,现在曹操占有荆州,加上刘表的水军,大船战舰乃至千数,所谓长江天险已不可据,双方实力悬殊,故不如归顺。

孙权不语,他假借更衣起身离开。鲁肃追到屋檐下,孙权握着他的手说:"君意如何?"鲁肃回答说:"我觉得众人误事,不足以与他们共谋。我可以迎降曹操,但是对将军来说不能。我迎降曹操,曹操尚还能让我做官,乘牛车,有随从,自由交游士大夫。将军您如果迎降曹操,曹操将把您做如何安置呢?希望您果断定大计。"孙权叹息说:"那些人的意见很让我失望。现在你与我的想法一致,天赐你与我!"

鲁肃还劝孙权将荆州借给刘备,以便共同抗击曹操:"荆楚之地与吴国邻接,顺水而往可达北方,外连江、汉,内隔山陵,金城坚固,沃野万里,士民富足,如果占有这块地盘,就是打下了建立帝王之业的基础。如今,刘表刚刚去世,两子素来不和,军中的将领也由此分为两派。刘备是天下枭雄,寄身刘表,刘表嫉妒他的才能而不敢重用。如果刘备与刘表的儿子协力同心、上下合力,我们则应安抚他们,与他们结盟;如果他们之间离心离德,我们就应另作打算以成就大事。我请求奉命前往荆州向刘表的儿子们吊唁,劝说刘备、安抚刘表部下同心共同抗曹,刘备一定乐于从命。"孙权当即派遣鲁肃前往荆州。

鲁肃赶到南郡,而刘表的儿子刘琮已经投降了曹操,刘备惊惶逃跑,准备南渡长江。鲁肃直接去迎见刘备,在当阳长坂坡与刘备会见,向刘备详细转述了孙权的意图,劝说刘备与孙权合作抗曹,刘备十分高兴。当初曹操征讨荆州,刘备奔向东吴,许多人认为孙权一定要杀刘备,程昱预料说:"孙权刚刚登上王位,尚未被国内所惧怕。曹公无敌于天下,刚刚攻下荆州,声威震动江南。孙权虽然有谋略,但不能独立对抗。刘备有英名,关羽、张飞能抵敌万人,孙权必定借助他们以与我们对抗。"

事实正如程昱所料，孙权果然多给刘备兵力，以抗御曹操。消息传来，曹操正在写信，一听到孙权将资助刘备，孙、刘联手——这是曹操最担心的事情，他震惊得笔都掉到地上。

　　孙权同时急招周瑜商量对策。周瑜分析道："曹操名为汉相，实为汉贼。将军您以神明威武，兼有父兄伟烈功业，割据江东，占地千里，兵精粮足，英雄乐业，正可以横行天下，并为汉家铲除奸邪祸患！现在曹操前来送死，我们岂能向他投降？假如北方局势完全稳定，曹操无后顾之忧，他当然可以与我们旷日持久地争夺疆土。但是，现在马超、韩遂还割据在函谷关之西，是曹操后方的心腹大患。况且舍弃骑兵优势，依仗所缴获战船，来与我吴越之地的军队水战，本就不是他们中原人的长处。如今又值严寒季节，军马缺乏草料，驱使中原的士兵远道来到南方江湖之上，水土不服必然生发疾病。上述都是用兵大忌，而曹操全然不顾。将军要擒获曹操，现在正是最好时机。我请求率领精兵三万，进驻夏口，保证打败曹操。"

　　孙权听后，立即信心倍增："曹操企图废汉取而代之，自立为帝，蓄谋已久，只是顾忌袁术、袁绍、吕布、刘表与我而已。如今他们几位都已不在，我一人独存，我与曹操势不两立。"说到激动处，他突然抽刀砍向桌案角，并说道："以后谁还敢再说投降，跟此案角相同。"

　　此时诸葛亮也代表刘备前来坚定孙权抗曹的决心。诸葛亮说："天下大乱，将军拥有江东，刘豫州也在汉南召集兵马，共同与曹操争夺天下。现在曹操平定内患，基本上稳定了北方，接着进军南取荆州，威势震慑天下。英雄无用武之地，故此刘豫州避逃到这里。希望将军您能根据自己的力量来考虑对策。如果东吴的军队能与曹军相抗衡，就应该及早与曹操断绝关系；若不能，那就此搁下武器,解除盔甲,向曹操俯首称臣。现在您表面上说抵抗曹操,内心里又犹豫不决,情势危急而不当机立断,大祸就在眼前!"

孙权说:"刘备怎么不投降曹操?"诸葛亮说:"田横不过是齐国一个壮士,尚且坚守节操而不投降受辱,何况刘豫州乃大汉皇室后裔,英才盖世,群士仰慕,犹如众水归海。如果功业不能成功,此乃天意所定,岂可屈从曹操!"

孙权说:"我决不能拿整个东吴的土地和十万的军队去听从他人控制。刘豫州最近刚被打败,又怎能抵挡住如此强敌呢?"诸葛亮说:"刘豫州的军队虽在长坂战败,但现在陆续归还的兵卒,加上关羽的水军仍有上万,刘琦集合起的江夏兵卒也不下万人。曹操兵马远道而来,疲惫不堪,听说他们为了追赶刘豫州,轻骑一昼夜行走三百多里,这就是常言所道'强弓发弓,射程之末连薄绢都不能穿透',所以用兵之法忌讳这种作战。况且北方人不适应水战,另外荆州百姓归附曹操实为兵势所迫,并非心甘情愿。现在将军真正派兵与刘豫州协力同心,一定能将曹军击败。曹操一败,必然退归北方,这样荆州、东吴的势力就强大起来,三分天下的局面也就形成了,成败时机就在于今日。"

诸葛亮的分析,彻底打消了孙权的顾虑。孙权即派周瑜、程普、鲁肃等率水军三万随诸葛亮赶赴刘备那里,协力抗击曹操——孙、刘联军成形。

曹操亲自统军顺长江水陆并进。孙、刘联军在夏口部署后,溯江迎击曹军,双方遇于赤壁,赤壁大战正式拉开。赤壁之战中,曹操并不像《三国演义》所描写的那样不堪一击。其实,曹军失败是有客观原因的:首先,几乎所有的正史中都提到曹军失败是受到瘟疫的问题；其次，新归附的荆州水军又难以磨合，士气明显不足；另外，由于北方士卒不习惯水战，曹操下令将战船相连来减弱风浪颠簸，为水上机动作战留下隐患。

战争之初，曹操试探性进攻就被周瑜打败，不得不把水军"引次江北"，与陆军会合，把战船靠到北岸乌林一侧，操练水军等待良机。周瑜则把战船停靠南岸赤壁一侧，隔长江与曹军对峙。周瑜考虑到敌众己寡，久持不利，决意寻机速战。

周瑜的部将黄盖说："如今敌众我寡，难以与之进行持久战。然而观察曹军战船全都首尾相接，可以用火攻将其烧毁打败。"周瑜于是调拨几十艘大船战舰，船内装满柴草，在柴草上浇满油膏，外罩帷幕，准备伺机进攻。周瑜先让黄盖诈降，他预备一些轻便快捷的小船，系在大船的尾后。船队依次向前驶去，曹军中以为黄盖来降，未做防备。靠近曹军船只时，黄盖命解开各小船，将大船点火。当时风势威猛，大火迅速蔓延江北，烧到岸上的曹营，片刻之间烟火冲天，曹军人马被烧死淹死者不计其数。

曹操无奈，引领军队从华容道撤退。路上泥泞不堪，又刮起了大风，曹军没办法只好让赢弱的士兵背着草填在马下，骑兵过去。士兵被骑兵践踏陷于泥中，死伤很多。曹操的军队跑出了华容道，曹操突然大喜，众人不解，曹操说："刘备的确是我的对手，但还是晚了一步，他如果早些放火，我们这帮人一个都活不了！"曹操话音刚落，接探马报刘备追兵在后面开始顺风点火，此时曹操大军已通过华容道，直奔江陵而去。

明清著名史学家王夫之分析赤壁之战，认为：

一是曹操舍骑而舟，弃长而争短。

二是曹操兵虽众，众则骄，而周瑜兵寡，寡则奋。

三是曹操乘破袁绍之势以下荆、吴，操之破绍，非战而胜，按照打败袁绍的套路而乘东吴敝，但是东吴凭江而守，粮运于无虑之地，愈守则兵愈增、粮愈足，人气愈壮。

四是北来之军二十万，刘琼新降之众几乎占一半，新附之兵志不坚，怀土思散。

王夫之以上分析极为深刻、到位，字字直指曹操要害。

三、退守合肥

赤壁之战，曹操虽然战败，实际面临的形势并不十分严峻。因为赤壁交锋之前，曹操强大，孙、刘弱小，孙权和刘备首先考虑的是如何挫败曹操的强大攻势，使曹操不得渡过长江，以保全自己的势力，出于守势，并无主动进攻之力。于是，曹操任命曹仁为征南将军，留屯江陵，抵御来攻的周瑜。周瑜带兵数万，曹仁登城远望，招募勇士三百人，令部曲牛金带兵迎战。吴军人多，牛金于是很快被围，牛金等三百人或即殁，左右失色惊惧。曹仁令人赶快牵马来，陈矫等人知道曹仁想下城去救牛金，于是一起拉着曹仁说："敌人气势正盛，势不可当。为什么不放弃这数百人，而将军舍命以身相救？"曹仁并不回答，直接披甲上马，带领部下壮士数十骑出城。曹仁与敌军相距百余步之遥，迫近城沟。陈矫等人认为曹仁只是想挡住敌兵，为牛金支持作势罢了。谁知道曹仁竟然直接冲入敌军阵中，奋力杀敌，牛金得到解救，仍有部分人众尚未完全突围，于是曹仁再次冲进敌军把剩下的兵从围困中救出。陈矫等人开始看见曹仁冲进冲出，都惶惧不知道该怎么办，直到看见曹仁回城，不得不叹道："将军真是天人！"将士都佩服曹仁的勇猛，曹操褒奖曹仁守城有功，转封曹仁为安平亭侯。曹操眼见一时难以取胜，南略暂时搁置，率军回到邺城。

赤壁大战后，刘璋看到曹操战败，就转而与刘备结盟。刘备乘胜取得武陵、长沙、桂阳、零陵等四郡。次年又任荆州牧，进一步壮大发展进据益州的基础。当初诸葛亮在隆中给刘备设计了"占据益州，三分天下"的计策。孙权为了抗曹，继续与刘备联盟，任其在荆州发展，天下三分的格局逐渐形成。

建安十四年（209年）三月，曹操到故乡谯县，他下令制造船只，操练水军。七月间，曹军从涡水进入淮河，过淝水，历经今亳州、蒙城、怀远、凤阳、寿州到达合肥。曹丕随军作《浮淮赋》，记录这一场景，展示了大军南进的壮观场面和宏大气势。八月，曹操发布了《存恤吏士家室令》，安抚壮士："近几年军队多次远征，官兵死亡众多，有时遇到瘟疫，士卒未能回家，夫妻难以团聚，百姓流离失所，这难道是仁爱之人愿意看到的吗？特此命令：凡是战死的士兵难以维持生活的，官府不得停止供应食粮，官吏必须慰问、救济他们，这才合我意。"

这年，曹操又命令开垦芍陂屯田，增强经济实力。十二月，再次回到故乡谯县。常年跟随父亲战争在外，曹丕在《感物赋》序中也对故乡的凋敝感慨不已："丧乱以来，天下城郭满目废墟。南征荆州，回到故乡，以前种些甘蔗在中庭，先盛后衰，于是感叹兴废无常，心情难以平静。"

此时庐江人陈兰、梅成反抗曹操，曹操派驻守合肥的张辽领兵前去镇压,陈兰等众人避在天柱山中。张辽想率兵登山进剿,诸将都说:"这座山道路险恶,我军兵少,很难深入。"张辽说:"一对一,才显真正勇者。"于是进至山下扎营,起兵上山攻击,终于斩下陈兰、梅成首级。曹操后来论功行赏,说:"登高山,履峻险,消灭陈兰、梅成,荡寇将军张辽立下了大功!"

在荆州地区,周瑜又与程普进军南郡,和曹仁隔江相持。两军尚未交锋,周瑜先派甘宁前去占据夷陵,曹仁于是分出一部分兵马,包围甘宁,甘宁向周瑜告急。周瑜采纳了吕蒙的计谋,留下凌统守卫后方,自己亲率大军驰援夷陵,两军相接,大破曹军于夷陵城下。曹军乘夜逃走,途经木柴堵塞的险路,只能弃马步行,周瑜率兵追赶截击,俘获战马三百匹。周瑜率兵屯驻北岸,约定日期与曹仁大战,结果被飞箭射中右肋,伤势严重,退兵回营。曹仁听说周瑜受伤卧病在床,便亲自督率士兵上阵攻击吴军。周瑜奋身而起,巡视各营,激励将士杀敌,曹仁不得不撤退。

建安十八年(213)正月,曹操率军从合肥出发,前往攻打孙权盘踞的濡须坞(今安徽省芜湖市裕溪口),两军相持一个多月。曹操看到孙权军容严整,感叹说:"我能有像孙权那样的儿子就好了!"曹操最终无奈北撤,命张辽与乐进、李典等部下率领七千余人留守合肥。

经过赤壁之战以及东线与孙权的拉锯战,曹操发现难以消灭孙、刘两家政治集团,此后主要精力放在了平定北方、巩固在朝廷的权势地位。

第六章　经营霸府

一、平定关中

　　早在建安四年,曹操就上表任命钟繇为侍中、代理司隶校尉持节督关中诸军。钟繇到达长安后,致信马腾、韩遂等人,向他们陈述利弊,要求他们归顺朝廷。建安十四年,韩遂派自己的女婿阎行前往拜谒曹操,曹操厚待阎行,上表朝廷授阎行为犍为太守,乘机让他劝韩遂入朝任职。阎行回来后立即劝韩遂归附曹操,韩遂说:"暂且观望!"

　　建安十六年(211年)三月,曹操派遣钟繇、夏侯渊率领军队出河东,宣称是攻打雄据汉中的张鲁,由于必经关中,马超、韩遂怀疑曹操这是假道灭虢之计,于是联合关中诸将共十万人马起兵反曹。联军推举韩遂为都督,屯聚于渭河、潼关,安营扎寨。由于忌惮马超等人的强悍,曹操下令诸将只需坚壁固守,不要正面进攻,等待后续大军的支援。

　　建安十六年七月,曹操亲自率领大军西征马超,与马超联军在潼关夹关对峙。马超告诉韩遂:"我们应该在渭河以北防守,相信不过二十天,等曹军的粮食消耗完了,他们肯定会撤退。"韩遂则认为,应该乘曹军渡过渭河一半之时截击曹军。密探通报了马超的计谋，曹操不无佩服地说："马儿不死，我们早晚都死无葬身之地。"他告诫众将，关西军勇敢强悍，只能坚守营寨，不得轻易与他们交战。曹操召徐晃等人商讨如何渡过黄河，徐晃说："主公大军在此地，而敌人不另派军驻守蒲坂津（今山西永济、陕西大荔朝邑之间黄河渡口），可见他们失策。请拨给我一支精兵，我从蒲坂渡河，当先头部队，只要截断敌军，就可以抓获敌人。"曹操说："好！"曹操派兵拖住马超的部队，暗中派徐晃、朱灵等乘天黑渡过蒲坂津。

八月，徐晃做好桥头堡后，曹操从蒲坂津渡河，马超闻讯后急忙赶来。校尉丁斐见情况危急，放出大批牛马引诱敌军，敌军争抢牛马，队形大乱。许褚扶着曹操上船，马超在后面猛烈攻打。曹军争着渡河，许褚用刀砍杀许多攀船的士兵，曹操所乘的渡船才得以不沉。许褚左手举着马鞍挡箭护住曹操，右手撑船才勉强渡过对岸。曹军非常惶恐，曹操大笑说："今天差一点被马儿困住。"

曹操军队渡过黄河后，沿河向南修筑通道，而马超等占据渭口抵抗。曹操多设疑兵，暗中用船将部队送入渭水，并架设浮桥，乘夜分兵打算在渭水南岸扎营。由于地上多沙，又经常遭到马超骑兵冲击，始终不能安营。娄子伯建议，趁天寒，用水浇筑沙子，于是一夜之间营寨建成。马超派人送信，答应割地求和，曹操没有答应。

九月，大军渡过渭水，马超等人多次挑战，曹操并不应战。其后，曹操邀请韩遂、马超对话。为表诚意，他只带许褚一个人。马超自负勇力绝人，骑着马，手提六斛米囊来回奔走，用斛米测量曹操的体重，想暗中偷擒曹操。马超听说许褚勇猛，便问曹操："虎侯在什么地方？"曹操用手示意许褚。许褚瞪眼盯住马超，马超不敢妄动，于是各自返回。曹操后来知道马超意欲袭击自己，心有余悸地说："差点上了马超的当。"

马超再三求和，还提出让儿子做人质。贾诩认为，可以表面上假意应允以麻痹对方，再伺机歼敌。曹操又问贾诩如何破敌，贾诩说："离间计。"曹操与韩遂父亲当初同一年被举为孝廉，当韩遂请求与曹操会面时，将领们都建议曹操做好准备，以防韩遂玩阴谋，曹操则认为无须担心。

当曹操与韩遂见面的时候，关中军都想一睹曹操的风采，导致军队前后挤压。曹操大笑："你们是不是都想看看我长得如何？我也是普通人，并没有四个眼睛两张嘴，只不过有点智慧罢了。"他前前后后在关中军面前走了好几遍，有意展示自己的勇敢以及军纪的严明，关中军深受震撼。

曹操与韩遂马靠马在阵前交谈了很长时间，不谈军事只是叙旧事，说到高兴处，二人拍手大笑。会见结束后，马超问韩遂："曹操说了些什么？"韩遂回答："没什么，只是闲聊。"马超便对韩遂产生了猜疑。过了几天，曹操又给韩遂写信，在信上故意涂改许多地方，马超看到后更加起疑。

曹操与关中军约战，曹军先用轻装部队引诱敌军，后派出精锐骑兵夹攻，曹军最终打败关中联军，成宜、李堪等都被斩首，韩遂、马超等人逃到凉州。

大胜后众将问曹操："开始时敌军守卫潼关，渭水以北没有防守之兵，我们不从河东出去攻打冯翊（今陕西省大荔县），反而在潼关与敌军对峙，拖延许久才北渡黄河，这是为何？"

曹操深知此胜奇巧，以统帅视角回答道："敌军占据着潼关，如果我军进入河东,敌军必将守住黄河各渡口,我们就不能渡到河西。我故意重兵逼近潼关,敌军全力来守南边,西河的防备空虚,因此徐晃、朱灵二将才能轻易占领西河。此后我带大军北渡黄河,敌军不敢与我们争夺西河,正是因为有他们二位将领的牵引。我们渡过渭水后深沟固垒,敌军挑战不应,也是为了使敌军骄傲自大。敌军割地讲和,我就顺其意答应下来,是为了麻痹他们,造成他们毫无防备。我军此时蓄精养锐,一旦出击就有迅雷不及掩耳之势。用兵之道本来就不能墨守成规。"

法无定法,曹操军事谋略可见一斑。

马超渭南战败后,逃到胡人那里。曹操正带兵追剿,不料苏伯在河间反叛,曹操打算率军东还。这时杨阜正作为朝廷使节在曹营,他对曹操说:"马超有韩信、黥布的勇猛,极得羌、胡等族的拥戴,西部边境的人都敬畏他。如果大军回师,陇上诸郡恐怕就不再为国家所有了。"

曹操深表赞同。马超的余党梁兴等人驻守蓝田县。曹操让夏侯渊担任护军将军,督领朱灵、路招等人驻守长安,击破南山叛敌刘雄,迫使他的部属全部投降。夏侯渊在鄠县(现为陕西西安市鄠邑区)围歼梁兴,攻克鄠县后,斩杀梁兴。马超在汉阳郡,又依靠羌人和其他少数民族作乱,氐王杨千万也发动叛变响应马超,驻守在兴国。马超在冀州围攻凉州,刺史韦康身处险境。夏侯渊前去救援,还未到达,韦康已被打败。马超在距冀州二百余里的地方迎战夏侯渊,形势对夏侯渊很不利,夏侯渊只好领兵返回。

建安十九年(214年)正月,南安郡赵衢、汉阳郡尹奉等人率军讨伐马超,杀其家小,马超逃往汉中。韩遂迁到金城,进入氐王杨千万的部落里,率领羌族一万多骑兵与夏侯渊交战,被夏侯渊打得大败。韩遂逃往西平郡,马超奔向汉中围攻祁山。守城姜叙等人见马超来势凶猛,紧急请援,各位将军议论纷纷,认为只有曹操才能节制。夏侯渊说:"主公在邺城来回四千里路,等书信到来,姜叙等必定早已打败。"

于是,夏侯渊派张郃督领五千步、骑兵在前,从陈仓狭道直奔汉中,他自己督粮草紧随其后。张郃到了渭水,马超带领数千氐、羌族士兵前来抵御,结果大败。张郃乘胜收取了马超的军队和军用器械,等到夏侯渊到来时,附近诸县都已投降。夏侯渊想偷袭韩遂,他闻风而逃,夏侯渊追到兴国城。夏侯渊认为韩遂兵马精良而兴国城又比较坚固,如果先去围攻,未必能马上拿下,不如先去攻打长离的各路羌人。长离的羌人有很多在韩遂的军队里,只要攻打长离,那些在韩遂军队里的羌人必定回去救家。韩遂如果舍弃羌人就孤立无援;如果他去救长离,那么曹军就可以和他作战,那样一定能将他俘获。

夏侯渊于是派人焚烧羌人的村子,杀死许多羌人。韩遂部队里的那些羌人果然纷纷回到自己的部落。韩遂去救长离,与夏侯渊的军队对阵。曹军诸将见韩遂兵马甚多,建议先扎营、挖好战壕再与他们交战。夏侯渊说:"我们已经转战千里,如果今天扎营、挖战壕,士兵们更容易疲劳。敌兵虽多,但很容易击破。"于是擂起战鼓,一鼓作气大破韩遂的军队。

十月,曹操命夏侯渊率张郃、张既等讨伐为乱三十余年的陇西人宋建,夏侯渊于是自兴国出兵,以很少的兵力,仅仅一个多月就大破宋建。此外夏侯渊又派张郃等人率军平定河关,渡河深入小湟中,河西诸羌部全部投降。自此,长期为祸朝廷的陇右地区被平定。

建安十九年,韩遂让女婿阎行别领西平郡。阎行纠集他的部曲想杀掉韩遂,投降、响应夏侯渊,结果乘夜攻击韩遂没有成功。韩遂向心腹成公英表示打算从羌中撤退至蜀地依附刘备。成公英认为韩遂兴兵数十年,如今虽然失败,但是不应该轻易转投他人。他向韩遂献计先躲入羌、氐部落中,重新招揽部众,等待机会卷土重来。韩遂从计,连同数千名追随者退走羌中,由于韩遂曾经有恩于羌人,所以得到羌人的保护。

建安二十年(215年),夏侯渊回汉中,留下阎行,韩遂结集羌、胡数万兵众攻破阎行。然而不久韩遂便病死,被部下斩下头颅送给曹操。当初关西的韩遂、马超作乱时,附近的弘农、冯翊各郡县,都有归附叛贼的行为。而杜畿管理下的河东郡与韩遂、马超的地盘相邻,百姓却没有异心,仍然安居乐业。曹操驻军蒲坂与敌军相持多日,军粮全由河东一郡供应。等曹操削平叛乱得胜班师时,河东郡积蓄的粮食还剩余二十多万斛。曹操非常激动,下令表彰杜畿:"河东太守杜畿,孔子所谓'禹,吾无间然矣',增秩中二千石。"因钟繇所辖地也充实了人口,得以用来保障供给,曹操也上表任钟繇为前军师。

至此,马超、韩遂终被平定。当初关中军每增加一支部队,曹操就面露喜色,众人不解。直到敌军被打败以后,曹操才向大家解释高兴的原因。曹操说:"关中地域辽阔,如果他们各自依险阻抵抗,征伐他们没有一两年的时间不能平定。如今都聚集于此,虽然人数众多,但都彼此不和,这样消灭敌人反而容易,这也是敌人越多我越高兴的原因。"

河间人田银、苏伯乘曹操西征马超、韩遂等人时发动叛乱,并煽动邻近的幽州和冀州反叛。留守邺城的曹丕本打算亲征,但部属常林认为他们只是乌合之众,难成大器,如今曹操出征在外,曹丕应安守邺城,不应轻率出征。曹丕听从这个建议,派将军贾信前往讨伐,曹仁也被任命为行骁武将军,都督七军讨灭叛乱,最终平定叛乱。

叛军中有千余人请降,很多人认为应尽诛降军,以显威严。消息传来,程昱向曹丕建议说:"以前之所以要诛杀投降者,'围而后降者不赦'的目的,在于向其他反叛者显示不尽早投降的后果,震慑所有敌人。如今天下大致已定,这些都是不成气候的贼众,杀不足以示威,还失去了以往诛降的策略意义。我认为这些降兵不可诛杀,即使要诛杀他们,也要先询问曹公的意见。"有人提出异议:"军事方面我们可以自行下决定,无须事事向曹公启奏!"程昱便不再说话。

朝议完结后,曹丕离开议堂,特地召见程昱,向其询问:"您好像言犹未尽?"程昱方才表示:"所谓'可以自行下决定',是指面对临时之急。如今反贼已经被贾信制服,大局已定。老臣不希望将军急于自作主张。"曹丕这才明白程昱的苦心,叹道:"程君真是考虑得十分周到啊!"他即时将河间叛变一事向曹操上奏,曹操的长史国渊也认为请降余党并不是首恶,为他们求情。曹操果然下令不诛降者,这千余人最终都得以保命。曹操知道此事处理的过程后,十分高兴,向程昱说:"程卿不止明于军事计略,也善于处理别人父子之间的事情。"

二、称魏公,为魏王

随着威望和年龄的增长,曹操开始更加用心经略朝廷。自建安十三年罢三公、自任汉朝丞相后，曹操位高权重，引起了很多非议。建安十五年（210年），汉献帝加封曹操四县，曹操食邑达到三万户。曹操作《让县自明本志令》让还三个县，并借此向世人表明心迹：

我被举为孝廉时，还很年轻，自以为不是那种隐居深山的名士，但又恐怕被别人看作是平庸无能之辈，原本想当一个郡的太守，把政治和教化搞好，建立名誉，以便让世人都了解。所以，我在做济南相时，革除弊政，公正选拔官吏，触犯那些权贵，因而被豪强所恨，我恐怕给家人带来灾难，所以就托病还乡。

辞官之后，我心里盘算：从现在起，往后再过二十年，可以等到天下安定太平，我在家乡整年不出。我在故乡谯郡东面五十里的地方建了一庐社，打算秋夏读书、冬春打猎，想终老荒野、不被人知。但是，这个愿望最终没有能实现。

后来国家发生动乱，我被征召，又调任典军校尉，心里就想为国家讨贼立功。我当时只希望得到封侯，死后能在墓碑上题"汉故征西将军曹侯之墓"字就心满意足。董卓犯上叛乱，各地纷纷讨伐。汴水之战，我部下很少，后到扬州再去招募，也仍不过三千人，这是因为我本来的志向就很有限。

后来我担任兖州刺史，击败了黄巾军，收编了三十多万人。有人劝说袁术宣布登基称帝，袁术畏惧说："曹公尚在，我不能这样做。"此后我出兵讨伐袁术，袁术势穷力尽而死。袁绍占据黄河以北，兵势强盛，我估计自己现在不能和他匹敌，但是，一想到这是为国献身、为义而斗，足以留名后世，我就勉力而为，幸好最后打败袁绍及其两个儿子。

荆州的刘表自以为是皇室同族，包藏奸心，我平定了他，才使天下初得太平。作为一个臣子，我得到的荣耀已到了极点，已别无所求。

今天我说这些话，好像有些自大，实际上是想消除人们的非议，所以才无所隐讳。假使国家没有我，还不知道会有多少人称王、多少人称帝？可能有人觉得我权势显赫，私下议论说我有篡位的野心，这种胡乱猜测常使我心中不宁。

齐桓、晋文之所以名声被传颂至今日，是因为他们强大但仍能够尊重周天子。《论语》说："周文王虽已取得了三分之二的天下，但仍能尊奉殷王朝，其道德可说是最崇高的了。"燕国的乐毅投奔赵国，赵王用他攻打燕国，乐毅伏地哭泣说："我侍奉燕昭王，就像侍奉大王您，至死不会忍心谋害赵国的百姓，何况我本燕国的后代，岂能攻打燕国？"二世胡亥要杀蒙恬的时候，蒙恬说："从祖父、父亲到我，长期受到秦国的厚爱已经三代了。现在我领兵三十多万，势足以背叛朝廷，但是我要恪守君臣之义，不敢辱没先辈教诲。"

从我祖父、父亲到我，再到曹丕、曹植兄弟，超过三代，忠于朝廷与蒙恬无二。我不仅对诸位来说这些事实和道理，也常常将这些告诉妻妾，让她们都深知我的心意。这些都是出自肺腑之言。但要我就此放弃军队，目前实在是不行，因为我担心放弃了兵权，肯定会遭到别人的谋害，这既是为子孙打算，也是为国家考虑，我一旦下台，国家将会有重新动荡的危险。因此，我不能贪图虚名而使自己遭受实质的伤害。先前朝廷封我三子为侯，我开始坚决推辞不接受，现在我改变主意打算接受它。这倒不是想以此为荣，而是关键时以他们作为外援，从而确保朝廷安危。

我仰仗着天威，以弱胜强、以小胜大，扫除凶逆，这可说是上天在扶助汉室，非人力所能企及。我封地已经有四个县，享受三万户赋税，我有什么功德配得上它呢？

现在天下还未安定，政治、军事虽不能让位，至于封地可以辞退一些。现在我把阳夏、柘、苦三县的二万户赋税交还给朝廷，只享受武平县的一万户。希望大家理解我，不再诽谤和非议我。

在这篇带有自传性质的令文中，曹操自我剖析，向世人说明了自己内心的想法。全篇就当时形势而言真实、客观、自然。曹操的出身问题，使他心理上有一种欲望——亟欲有所表现，努力建功立业、树立名声。如此，天下人能重新认识他，改变他在社会上的地位，社会各方面尊重他和他的家族。

建安十七年（212 年）正月，曹操回到邺城，汉献帝下诏令曹操赞拜不名、入朝不趋、剑履上殿。在曹操的暗示下，董昭等人向献帝建议曹操应进爵为公，得到九锡的礼遇，以表彰他特殊的功勋。董昭对曹操说："自古以来，辅佐天下的，谁也没有建立过像您这样的功绩。德行超过了伊尹、周公。您的德行、威信超越前代，又深明法度，理应进爵。"

荀彧一直以维护汉朝皇权为宗旨，汉献帝喜欢文化，荀彧、荀悦兄弟与少府孔融多次到宫中和献帝论学。荀彧对汉室忠心耿耿，他当初还把曹操看成恢复汉朝理想的依托。然而，随着形势的发展，荀彧越来越看清了曹操有代汉的野心。当董昭等认为曹操宜进爵国公以彰殊勋、征求荀彧的意见时，荀彧明确表示反对，因此导致了曹操打算除掉荀彧。当时，曹操带兵征讨孙权时，就上表请派荀彧慰劳军队。曹操军队到了濡须，而荀彧因病未能前往，曹操就派人送食物给荀彧，可是，荀彧打开食盒后发现，其中空无一物，荀彧知道这是曹操要他死，于是长叹一声，服毒自尽。荀彧死后，汉献帝非常悲痛，显然，荀彧之死根本的原因在于荀彧忠于汉室而不肯效忠于魏。

荀彧死后次年，即建安十八年五月，汉献帝派御史大夫郗虑拿着皇帝的符节到邺城，册封曹操为魏公，命曹操建魏国，定国都于邺城，拥有冀州十郡之地，置丞相、太尉、大军等百官。在策文中，献帝首先描述国家板荡之际，自己的无助：

> 因我无德，小时就遭忧患和灾难。被劫持到长安，后又四处漂泊，祖庙无人祭祀，国无固定疆界，天下割裂，高祖基业崩塌。我祷告说："谁来帮助我呢？"于是感动了上天，派曹丞相保护皇室平安，拯救我从艰难之中。

汉献帝的话言不由衷，却也无可奈何！汉献帝在册封文中还历叙曹操建立之功勋：

> 董卓作乱，各地一同解救王室之乱。您督促众人进军

并率先与敌军交战，可见您的忠诚。后来黄巾军发动叛乱、祸乱百姓，您又铲除平定他们。韩暹、杨奉二人专权，您讨伐他们。迁都到许县，建造宫室，重设百官，修建宗庙，恢复规章制度。袁术称帝，横行淮南，您使袁术丧命。您诛杀吕布，处死张杨，使眭固认罪、张绣俯首。袁绍淆乱天纲、颠覆国家，倚仗兵多将广，蔑视朝廷，当时人人心惊胆寒，您亲赴官渡，拯救国家于危难。您率师渡黄河，平定四州。三郡乌桓，已两代作乱，袁尚依靠他们盘踞在塞北，您翻山越岭，消灭他们。刘表背叛朝廷不再上贡，您神威先行，荆州诸郡，望风而降。马超、韩遂等，据守潼关，企图称霸，您消灭他们，安定边境。

汉献帝还将曹操比作古之圣贤，从历史找依据，说明曹操德配于公：

> 您有平定天下之大功，用德行教化百姓，使天下秩序井然，使官吏们不施行苛政，百姓没有狡诈之心。我听说帝王分封至德之人，要赏赐给他土地、百姓，之所以这样做，是为了让他保卫王室、辅佐君王。您功劳比伊尹、周公，但赏赐比齐太公、晋文公少，我感到很惭愧。我身居于亿万百姓之上，常忧执政之艰难，如果没有您的辅助，我定不能胜任。

最后，汉献帝列出赏赐详细内容：

> 把冀州的河东、河西、魏郡、赵国、中山、常山、巨鹿、安平、甘陵、平原共十个郡县都赏给您，封您为魏公。您仍以

丞相的身份兼任冀州牧。另外，赐给您九锡，魏国可以设置丞相以下的百官，像西汉初年各诸侯王的建制一样。

曹操上《让九赐表》《辞九赐令》《上书谢策命魏公》，假意推辞了一番。荀攸、钟繇，曹洪等也都力劝曹操进爵为公，曹操当然"不违王命"，最后坦然接受。

建安十八年七月，朝廷命令修建魏国的社稷和宗庙，曹操让王粲改创《俞儿舞歌》来歌颂魏国之德。魏国建立后，群臣商议是否恢复肉刑，陈群说："臣父陈纪以为汉代废除肉刑、增加笞死之刑，本是出于仁心，结果却令死者更众，这就是所谓名轻而实重。名轻则人民易犯，实重则伤民。《尚书》说：'惟敬五刑，以成三德。'天下犯罪，虽然不可能全部消灭，但墨（刺刻面、额，染以黑色）、劓（割鼻）、剕（割脚）、宫（阉割生殖器）、大辟（处死）等五种刑罚，确实有用。如今用笞死之法代替所有刑罚，这貌似怜惜人的肢体，其实是轻视人的性命。"钟繇赞同陈群的观点，但是，其他人多以为不可恢复肉刑。曹操虽然认同陈群之言，但因为战争尚未结束，天下尚未安定，就搁置了这一建议。

曹操为了进一步控制汉献帝，把他的三个女儿曹宪、曹节、曹华都嫁给汉献帝，聘礼为束帛五万匹，献帝封她们为贵人。

建安十八年十一月，魏国设置尚书、侍中、六卿等官职，以荀攸为尚书令，毛玠、崔琰、何夔等为尚书，王粲、杜袭、卫觊、和洽为侍中。丧乱以来，典章礼仪制度丧失殆尽，袁涣对曹操说："现今天下大难已除，文武并用才是长治久安之道。要广泛收集文章典籍，阐明圣贤教诲，教化百姓。如此一来，偏远之人，虽不能用武力征服，却可以用文德使他们臣服。"曹操于是命令王粲、卫觊创制典章和礼仪制度,曹魏霸府逐渐完备。曹操任命杜畿为尚书兼任河东太守。高柔任尚书郎,转拜丞相理曹掾。

建安十九年三月,汉献帝宣旨,将魏公的地位提升到诸侯王之上,改授曹操金印、红绶。此时,曹操的篡逆之心日渐明显。十一月,伏皇后写信给她父亲伏完,讲述了曹操逼迫董贵人的真相,要父亲设法铲除曹操。可是,此信被泄露,曹操大怒,命令追查,逼着献帝废掉伏皇后,并假为策书说:"皇后伏寿由卑贱入宫,登上皇后尊位二十四年。既没有文王、武王母亲那样的德音,又缺乏修身养怡之福,却包藏祸心,不可以承奉天命、祀奉祖宗。现派御史大夫郗虑持节诏令,把皇后玺绶缴上来,退去中宫,迁往他舍,伏寿咎由自取,未受审讯,算她幸甚!"曹操以尚书令华歆为郗虑副手,率兵入宫逮捕伏后。伏后闭上宫门,躲在夹墙中,华歆撞开宫门,揪出伏后。伏后散发、赤脚,紧紧拉住汉献帝的手说:"不能救救我吗?"汉献帝也悲戚地说:"我也不知道自己什么时候被杀掉!"华歆走后,献帝对当时在现场的御史大夫郗虑说:"郗公,天下竟然还有比这样还大逆不道的事情吗?"曹操逼汉献帝废除伏氏皇后称号,把她幽禁至死,同时,毒死伏后所生两子,伏后的宗族兄弟近百人也遭到牵连诛杀。

建安二十年正月,曹操要汉献帝立自己的女儿曹节为皇后,汉献帝只得依从。

建安二十一年(216年),汉献帝对曹操及子女进行大加册封。册封曹操为魏王,仍以丞相领冀州牧。封曹操的女儿为公主,并赐给她食邑地。曹操的三个儿子曹彰、曹兖、曹彪,分别封为鄢陵侯、平乡侯、寿春侯。曹操食邑三万户,位在诸侯王之上,奏事不称臣,受诏不拜,以天子旒冕、车服、旌旗、礼乐郊祀天地,出入称警跸,宗庙、祖、腊皆如汉制,国都邺城。至此曹操名为汉臣,实同皇帝。

　　随着权势日渐炙手可热,曹操更加专横。杨训上表夸述曹操的盛德。当时有人讥笑杨训迎合权势,杨训乃崔琰举荐,认为崔琰荐人不当。崔琰把杨训的表文拿来一看,写信给杨训说:"表是用以赞美的文体。随着时间的变化,有些情况发生变化,不可以轻易用表这种体裁!"有人将此信息报告给曹操,说这是崔琰间接表达不满。曹操听后大为震怒,罚崔琰为徒隶,崔琰一点也没有屈服的意思,曹操于是又下令:"崔琰虽然受到惩罚,却仍与宾客来往,门庭若市,接待宾客时好像有所怨忿。"于是下令赐死崔琰。

　　崔琰是跟随曹操打天下立下汗马功劳的著名谋士,就这么轻易被杀掉,引起了管理官员队伍里毛玠的不满。有人又向曹操告发说:"毛玠出门看见脸上刺字的犯人,犯人的妻子儿女被籍没为官家奴婢,就说:'老天不下雨的原因大概就是因为这个吧。'"毛玠的意思是说崔琰死得冤枉。曹操大怒,命令将毛玠逮捕下狱。钟繇奉命责问毛玠,毛玠说:"萧望之死是因为石显的陷害,贾谊被流放是因为周勃、灌婴的谗言,白起赐剑自刎于杜邮,晁错被斩首于东市,伍子胥命断于吴都,上述贤人的遭遇都是或有人妒忌,或有人在背后暗害。我自年少时为县吏,积累勤勉至现在官职,职务在中枢之所,牵涉复杂人事关系。如有人以私情,再有权势我也要加以拒绝;如有人有冤屈,再小的事件我也要审理。人的本欲是追求私利,而这是法律所禁止的。进谗言的小人如苍蝇一样一哄而起,对我进行诽谤。过去王叔、陈生与伯舆在朝廷上争辩曲直,范宣子让双方举出证词,这样才使是非曲直各得其所。我并没有说过那样的话。说我有过则必须有证据,我请求和诬陷者对质。如果错误在我,对我行刑,我会安然受死;送来让我自杀的赐剑,我将把它比作重赏的恩惠,谨以此状作为申诉如上。"毛玠决不认错。

曹操把近臣都招来,讨论毛玠诽谤一案,曹操说:"如今言事的官员告发毛玠不但诽谤我,而且又为崔琰的事打抱不平。先前萧何、曹参和汉高祖一起从微贱中起事,建立了很大功勋。高祖每陷困境时,二人都非常恭顺,他们充分地表现为臣之道,因此享祚能延至后代。和洽请求重新调查此事,我之所以没有同意,是要表明重视臣下调查案件的权力。"和洽说:"如果确实如告发者所说,毛玠罪过深重。臣并不是偏袒毛玠,只是认为毛玠出身于一般官员,又受到提拔、处于显位,多年来一直受到宠信,刚直公正为很多官员所忌惮,按理说他不应该有此行为。然而,人心难保不变,我的意思是应该妥当考察复核,从两个方面验证属实。这样就能分辩是非曲直。"曹操说:"我现在政务繁忙,哪有时间来回加以复查?狐射姑在朝廷上将阳处父刺伤,这是君主应该警戒之事。"尽管桓阶、和洽等极力进谏营救毛玠,毛玠还是被废黜,后来死在家中。

崔、毛二人虽然以前为曹操立下过汗马功劳,但是,眼见曹操有篡逆之心,含蓄地流露出不满。曹操为了巩固自己的权位,不念旧情,毫不犹豫除之而后快。

三、唯才是举

天下越乱,人才就越重要。霸权之争实质上就是人才的竞争。魏、蜀、吴三国相比,魏国的国土面积最大,经济实力最强,统治体系最完备,人才最多。曹操麾下人才济济,有出谋划策的参谋,有勇猛的将帅,有既善于行政又善于指挥作战的幕僚,有文笔出众的文人,还有甘愿为他赴汤蹈火、在所不辞的忠诚之士。

赤壁之战后,曹操先后在建安十五年、十九年、二十三年三次下求贤令。建安十五年春天,曹操第一次颁布《求贤令》:

> 自古以来,凡是明主,无不与贤人君子共治天下,如今天下未定,正是需要贤才的时候。假如一定要廉洁之士才能任用,那齐桓公怎能靠管仲称霸天下? 现在天下还有没有像吕尚那样富有才华、却穿着破衣服在渭水边垂钓之人? 还有没有像陈平那样被诬与嫂子私通、接受贿赂、还没有遇到伯乐的人? 诸位一定要帮我明察举荐出身低微但有才之人,我一定能够重用他们。

曹操还在《短歌行》诗中抒发了自己求贤若渴的态度,清代的学者陈沆评论说:"此诗即汉高祖《大风歌》思猛士之旨也。"

建安十九年十二月,曹操第二次颁布求贤令《敕有司取士勿废偏短令》:

> 品行好的人不一定有才干,有才干的人不一定品德好。刘邦的谋士陈平难道是老实忠厚之人? 战国时游说家苏秦难道那么守信? 但最终陈平能辅佐刘邦取得天下,苏秦能联合六国抵御强秦。由此看来,有缺点的人才难道就可以废弃不用吗? 只要是想通了这个道理,那么选拔有才能的人时就不会遗漏。

建安二十二年(217 年),曹操第三次颁布求贤令《举贤勿拘品行令》:

从前伊挚和傅说都出身卑贱，管仲曾经是齐桓公的敌人，商汤、武丁和齐桓公却任用他们成就自己的功业。萧何、曹参只不过是小小的县吏，韩信、陈平都背着不好的名声，却都能帮助刘邦打天下，建立赫赫功勋并且名扬千古。战国时名将吴起贪图功名、不惜杀掉妻子以取信于魏，散钱求官、母死不归。然而只要他在魏国，秦国就不敢向东。他后来成为楚将，韩、赵、魏等强国就不敢向南。那些看似卑微的小官吏，实际上有很高的才能。可以任命他们做将领或地方长官，有没有虽然不仁不孝、却有治理国家本领还没有被发现的人呢？你们应当把所知道的人才全都推荐上来，不得有所遗漏。

历来学者多对曹操的"唯才是举"持以肯定态度，认为曹操提出了与汉代完全不同的用人标准，有利于治国安邦。陈寅恪先生就说："夫曹孟德者，旷世之枭杰也。其在汉末，欲取刘氏之皇位而代之，则必先摧毁其劲敌士大夫阶级精神上之堡垒，即汉代传统之儒家思想，然后可以成功。"此论断可谓一针见血，求才三令其实是曹操渴望得到忠于自己人才的心理。

这些人才在曹操征讨中原、建立曹氏霸府过程中发挥了重大作用。曹操亦选派正直饱学之士辅佐诸子。建安十六年，曹操安排邢颙为曹植家丞，让"名高德大"的北海名士邴原为曹丕五官府长史。曹植自幼聪明，尤善文章，但他"任性而行，饮酒不节"，曹操才让邢颙辅导他。邢颙为禁止曹植的放荡行为多次规劝，曹植不听，邢颙屡劝，因此曹植深为不满，渐渐地疏远邢颙而亲近属官刘桢。刘桢看到曹植亲近自己而疏远邢颙，劝谏曹植说："邢颙是北方很有才学的人，节操高尚。我自己知道实在没有资格同他并列，而现在我受到特殊礼遇，邢颙反被疏远，我真怕别人会说您近不肖而远贤人，给您招来诽谤。因此我时常卧不安席。"曹植恃才放旷，司马孚也总是诚恳地劝谏他，曹植开始并不接受意见，后来向他道歉。

建安十三年，曹丕被司徒赵温举荐。曹操认为赵温举荐他的儿子，并不是因为曹丕具有真实的才能，而是讨好自己、巴结曹丕，因此派侍中、守光禄勋郗虑持节奉策，免去了赵温官职。建安十六年，曹丕任五官中郎将、副丞相。由于邴原是有名的正直之士，崔琰说："征事邴原、议郎张范，都是有德的人，他们都志向高尚、行为忠直方正，其清廉自洁能够脱俗，其操守固执足以担当重任，所谓龙翰凤翼、国家的重宝指的就是他们。举荐他们，委以重任，那么奸诈小人、不仁不义的人都会远远地离开，这样国家就会大治。"于是曹操让邴原代凉茂任五官中郎将秘书，曹操指示曹丕要以师傅之礼待邴原。曹丕有次宴请宾客，酒酣之时，出了道难题："君主和父亲各自都有疾病，救命的药丸只有一颗，是当救君上呢，还是当救父亲呢？"众说纷纭，自然有许多人愿意在曹丕面前表露忠心，偏偏邴原一言不发。曹丕问邴原这个药丸究竟该给谁，邴原回答道："父亲！"曹丕也没有责难他。曹丕在东宫做太子时，曹操对他说："荀攸是做人的表率，你应尽到礼节尊敬他。"荀攸有次生病，曹丕前去慰问，并独自在床下礼拜。建安十九年，荀攸在跟从曹操征孙权的路上去世，曹操每次说起荀攸来就止不住流泪。

曹操诸子才能非凡，一方面自身天赋异禀，另一方面也与这些才能之士的谆谆教导密不可分。

曹操对品德高尚之士如崔琰、毛玠、王修等也大加赞赏。建安十三年，他对崔琰说："你具有伯夷、史鱼的风范，贪夫因敬仰你的大名而变得清廉；壮士因崇尚你的名声而更加勉励自己，这是可以作为时代表率的。所以授予东曹之职，你去履行职责吧。"建安十七年，曹操任司空、丞相时，毛玠曾做过东曹掾，与崔琰一起主持选举，他推荐任用的都是清廉正直的人士。毛玠力求以俭朴作风为人表率，因此士人无不以廉洁的操守自我勉励，即使是宠臣车马服饰也不敢超越制度。曹操因此感叹说："毛玠用人能做到这样，使天下人自己治理自己，我自愧不如。"曹丕做五官中郎将时，请求毛玠重用其亲属，毛玠答复说："我因为能够恪守职责，才幸而得以免于获罪。现在您所提到的人不合升迁，因此我不敢奉命。"

　　曹操统率大军返回邺城，商议撤并一些机构和官职。毛玠对以私情向他求官的一概拒绝，当时一些人很害怕他，都想撤除东曹。汉潮公府办事分曹，有东曹与西曹等，各曹办事官员称曹掾。按照汉代的制度，丞相、太尉自辟掾吏分曹治事，他们一起禀告曹操说："依旧制西曹为上，东曹为次，应该撤销东曹。"曹操知道其中实情，下令说："太阳出于东方，月亮明于西方，凡人说到方位，也是先说东方，为什么要撤东曹？"进而由此撤销了西曹。曹操平定柳城后，分赏所缴获的器物，特意把素色屏风、素色凭几赐给毛玠，说："你有古人之风范，所以赐给你古人的用具。"曹操攻破邺城后，查抄没收审配等人的家财数以万计。待到攻破南皮县，察看北海郡营陵名士王修家时，粮谷不满十斛，仅有书籍百卷。曹操感叹道："王修作为士人真是名副其实。"于是聘用王修为司空掾，代理司金中郎将，后来迁升为魏郡太守。

　　曹操常常原谅具有才华的有罪之人。如官渡之战后陈琳做了俘虏，曹操说："你指责我就罢了，为何骂我祖？"陈琳说："箭在弦上，不得不发。"由于陈琳有才，曹操也加以宽恕了。

曹操爱才、惜才，是三国时代最善于用人的政治家，他一生事业的成功离不开其高明的用人之道和高超的用人之术。

四、终立后嗣

汉末群雄并起的年代，曹操深知接班人德才素质的重要性。他曾发出"生子当如孙仲谋，刘景升儿子若豚犬耳"的感慨，希望儿子们长大后都成为孙权那样的人物，能够继承父兄基业，敢打敢拼，稳固江东。绝不能像刘表的儿子刘琮那样，软弱无能，将荆州拱手让人。曹操家教理念从其所下《诸儿令》可见一斑。在这道《诸儿令》中，曹操明确规定了对儿子选任的标准：首先，是"慈孝"。实际上是要求其子尚德行，要以德服人。其次，是"不违吾命"。在举足轻重的前沿战区担任长官，能够坚决服从并坚定地执行命令，遵规守纪，努力实现曹魏的战略目标。最后，是"能善"。为人友善，才能与人友好相处、联手做事。

曹操教育子女还注重实践锻炼，兼顾全面发展与个性发展。一次曹操问诸子的爱好，让他们各言其志。曹彰从小善射箭、臂力过人，能徒手与猛兽格斗，于是曹彰说："愿做将军。"曹操说："做将军如何？"曹彰回答说："披坚甲、握利器，临危不惧、身先士卒，有功必赏、有罪必罚。"曹操说："你应该学习圣贤之道。骑马击剑，只能对付一个人。"曹彰对身边的人说："大丈夫应当效卫青、霍去病，率领十万之众在沙漠上驰骋，驱逐戎狄，建功立业。"为了在战乱中保护家人，曹操在孩子很小时就教他们骑马射箭，并经常带他们出征。曹操曾经做《百辟刀令》："前几年做百辟刀五把，先拿一个给曹丕，其余剩下的四个给其他人。诸子中有不好武，可给他们习武，文武之道，不可偏废。"

曹操在立嗣时并不注重嫡庶长幼。宋代理学家叶适就说："操于诸子，将择才而与之，意不专在嫡。"曹操长子曹昂，很受曹操器重，可惜在张绣叛乱中为了保护曹操而遇害。曹操最欣赏的卞后生有四子：曹丕、曹彰、曹植和曹熊，然而，曹操首选是环夫人所生曹冲。曹冲少年聪慧，仁爱识达，其以舟称象、智救库吏故事广为流传。当时孙权曾送来一只大象，曹操想知其重量，众人都想不出办法来。年少的曹冲建议说，把象放在大船上面，在水痕淹到船体上刻下记号，再称量装载在船上的物品，那么比较以后就可以知道了。曹操听后觉得很有道理，马上用这个办法测出了大象的体重。当时有些刑罚比较严苛，曹操的马鞍在仓库里被老鼠啃啮，管理仓库的吏役害怕被处死，就反绑双手向曹冲哭诉。曹冲对他说："等我三天，然后你再去自首。"三天后，曹冲拿刀戳衣，犹如老鼠咬啮，去见曹操，脸上有意装出一副发愁的样子。待曹操问时，曹冲回答说："民间风俗认为老鼠咬了衣服，主人就会不祥，我现在单衣被老鼠所咬，恐怕命不长矣。"曹操说："那是闾巷杂语，不足为信。"库吏拿着老鼠咬过的马鞍向曹操汇报，曹操笑着说："我儿子的衣服就在身边都被咬破，何况是挂起来的马鞍呢？"曹冲遇到官吏有过错或者受到处罚时，他总是仔细观察有无冤情，一旦发现随时向曹操说明情况并替他们求情，得到曹冲宽宥的有几十人。可惜天不假年，曹冲十三岁时得重病而死，曹操极为哀痛。邴原的女儿夭折，曹操想要把这两个孩子合葬，邴原推辞说："这种合葬不符合礼仪。邴原之所以追随明公，明公之所以接纳邴原，是因为都能遵守礼制。"曹操爱子心切，转而找到一个已经死去的甄姓女儿与曹冲合葬配冥婚。

曹昂、曹冲离世后，曹操对未来继承人的确定更加谨慎。曹冲去世后，曹丕宽解安慰曹操，曹操说："这是我的不幸，是你们的大幸！"曹丕也承认这一客观现实，他后来在谈到王位继承时说："家兄曹昂继承王位那是应该的，但是，如果弟弟曹冲在，也轮不到我来享有天下。"曹操担心诸子为争夺嫡位结党争斗，下令诸侯王之间不得私自交流。此举固然是为防止乱政，禁锢宗室的政策也为后来曹魏集团跟司马氏集团做斗争时的孤立无援埋下了伏笔。

诸子中，曹彰勇而无谋，自然而然，王位继承人只能在曹丕、曹植二人中选择。曹植具有典型的文人性格，很聪慧，十岁就能诵读《诗经》《论语》，广泛涉猎诸子百家，对曹操的提问，他常常应声而对，出口成章。此前，曹操看到他的文章很漂亮，怀疑是否有人代写，曹植答道："出口成论，下笔成文，您当面试试就知道了。我何必请人代作？"曹操仍然将信将疑。曹操消灭袁氏兄弟后，夜宿邺城，夜见金光从地而起，不久发现一只铜雀。荀攸说舜母亲梦见玉雀入怀而生舜，现在得到铜雀，是吉祥之兆。曹操于是决定在漳水之边建个铜雀台，来彰显他平定四海的功劳。铜雀台建好后，曹操召集了一批文士登台为赋，曹植也在其中。曹植稍加思索，提笔一挥而就，奉上《铜雀台赋》。曹操大喜，从此对曹植寄予厚望。曹植性情坦率自然，不修仪容，和曹操崇尚通脱率性性格相近。

建安十六年，汉献帝分曹操一万五千户，曹植被封为平原侯，食邑五千户。七月，曹操西征马超、韩遂，留曹丕守邺城，曹丕、曹植兄弟之情尚笃。曹丕作《感离赋》，序中说："父亲西征，我留守邺城，母亲和弟弟都去跟从，很是思念和羡慕。"曹植作《离思赋》，安慰兄长："建安十六年大军西讨马超，兄长留监国，我当时跟从军队，大家都有留恋之情，于是作《离思赋》：初秋之美好月光，照亮军队的旗帜。抱病随军出征，充满惆怅。考虑即将远行，无限悲伤。思念兄长恩德，希望兄长也要为国保重自己。"

建安十九年，曹植又被改封为临淄侯，曹操精选郑袤、徐干、邯郸淳为临淄侯文学。曹丕、曹植都想招揽邯郸淳做自己的僚属。曹操却命邯郸淳去见曹植，曹植一听大喜过望，以高规格的礼节接待了邯郸淳。邯郸淳入座后，曹植并不与他叙谈，只是回身喊来侍从问道："水准备好了吗？"侍从应声说业已备好。曹植也不多说，自去内室沐浴、仔细装扮，然后向邯郸淳表演起当时比较盛行的杂技。正在邯郸淳大惑不解之际，曹植高声诵起俳优小说来，这是一种颇有戏谑的通俗文学。朗诵千言后，曹植问："先生以为我如何？"不待邯郸淳回答，他已入室内更衣整容，与邯郸淳交谈，可谓无所不知、无所不通。自此，邯郸淳对他人谈及曹植之才，常称"天人降世"。

曹操征讨孙权，安排曹植留守邺城，并告诫他说："我从前任顿丘令的时候就二十三岁，现在你也二十三了，一定要好好努力！"曹操在严格要求的背后寄托着对他的厚望。但是，曹植任性行事，饮酒没有节制。建安二十二年，司马门事件彻底断送了曹植的政治前途。曹植一次趁曹操外出，借酒后冲动擅开司马门。司马门，是指皇宫的外门，只有帝王才能行走的禁道。曹操知道后大怒，他下令处死了守门的公车令和曹植的马夫。私闯司马门是严重逾矩的行为，最重要的是这件事情容易给别人留下曹操欲取代汉室的口实，这一点曹操向来非常忌惮。发生此事之后，曹操对曹植彻底失望，他在《曹植私开司马门下令》说："我本来认为曹植可以堪当大任，现在看起来并不是如此。"作为政治人物，曹操做事一向决断。司马门事件没有多久，曹植就迅速失宠，其子也因为所谓违制"衣绣"被曹操下令赐死。

和曹植相比，曹丕更加老练和懂得权术。曹操长期在立嗣上的举棋不定，也导致在曹丕和曹植兄弟周围逐渐形成了两个集团。拥护曹丕的有桓阶、司马懿、陈群、邢颙、吴质、贾诩等人；拥护曹植的有丁廙、丁仪、杨修、孔桂、杨俊等人。《三国志》记载，曹丕文武双全，八岁能提笔为文，善骑射，好击剑，博览古今经传。六岁曹丕会射箭，八岁曹丕会骑马。从十岁起就随父亲征战南北，长时间的军旅生活丰富了他的见识。不仅如此，曹丕还会掩饰、表演，比曹植高明得多。崔琰、凉茂、邴原、程昱等重要谋士，曹丕都与他们有紧密的交流关系。对荀彧、贾诩等关键人物，曹丕也加意笼络。当曹丕还是五官中郎将时，面对曹植有才华并且名声远扬，他就让人问贾诩巩固自己地位的办法，贾诩说："要宽宏大度，言行要不违背臣子、人子之道。"曹丕深以为是。每当曹操出征时，曹植洋洋洒洒撰文颂德，曹丕文才比不过曹植，就听取吴质的建议，只是在一旁低头悲伤。曹丕还善于与后宫搞好关系，以至于后宫都常替曹丕说话。曹干的母亲王昭仪有宠于曹操，曹丕立储一事，王昭仪就曾有出力。

废长立幼终是大忌，曹操的幕僚大多赞成立曹丕以保证平稳过渡。袁绍、刘表立嗣不当的教训就在眼前，这也是曹操坚定以曹丕为嗣的原因之一。桓阶任虎贲中郎将侍中，曹植受宠爱时，桓阶就在曹操面前多次夸耀曹丕德优年纪长，适宜立为太子。桓阶不论在大庭广众之下还是在单独召见的时候，态度始终如一。曹操就立嗣的事情曾私下询问贾诩，贾诩故意沉默不答。曹操问："君何不答？"贾诩说："属下正好在琢磨事情，所以不好回答。"曹操又问："琢磨什么？"贾诩说："琢磨袁绍父子、刘表父子。"曹操听后大笑。曹操有时甚至发函秘密访探大家对继承人的看法，只有崔琰信不封口说："《春秋》中有长子当立的大义，五官中郎将曹丕仁孝聪明，应当承继大统。崔琰将用死来守此则。"曹植本是崔琰哥哥的女婿，于是曹操对崔琰的大公无私，喟然叹息。丁仪等人是曹植的亲信，他们劝卫臻依附曹植，但卫臻拒绝了他们，毛玠、邢颙等人也都从大局出发，客观地指出立曹丕最为合适。毛玠曾劝告曹操说："袁绍因为立嗣不当，袁氏基业破败。废长另立，这是我最不愿意看到的。"曹操说："毛玠正是古人所说的国士，他就是我的周昌呀！"曹操想立曹植为太子征求邢颙的意见。邢颙回答说："树木的旁枝是不能代替树干的，愿陛下慎重考虑这件事。"曹操明白邢颙的意思。

建安十六年，汉献帝任命曹丕为五官中郎将，做副丞相，并发布《高选诸子掾属令》，迅速为曹丕安排好相关辅佐人员，如徐干、苏林为曹丕文学令，邴原为五官中郎将长史令等。同时，他开始为曹丕的未来清除道路，如暗杀周不疑、拟罪杀掉杨修等。

周不疑，零陵重安人，刘表别驾刘先的外甥，少有异才，聪明敏达。《零陵先贤传》记载："曹操攻柳城不下，图画形势，为难计策，周不疑进十计，攻城即下。"周不疑和曹冲关系很好，互为好友，曹操也很喜爱这两个年龄相近的神童。曹冲死后，曹操每当看见周不疑的时候就想起曹冲，于是命人对周不疑动手。曹丕劝谏，结果被曹操训斥："周不疑非你所能控制。"最终派人把周不疑杀了。

杨修是太尉杨彪的儿子,学问渊博。杨修曾经跟随曹操见曹娥碑"黄绢幼妇,外孙齑臼"八个字,曹操问杨修此八字何意,杨修正想回答,曹操说:"先不要说,待我想一想。"走了三十里路,曹操才说:"我已经想出来了。"他叫杨修把他的理解另外写下来。杨修写道:"绝妙好辞。"理解正与曹操相同,于是曹操感叹说:"才力与杨修相差竟达'三十里'。"

　　曹植欣赏杨修,常邀请杨修彻夜长谈。曹操想立曹植为世子,曹丕秘请吴质来商议对策,因为害怕有人发觉,就用大簏藏吴质载入府中。杨修把此事告诉曹操,曹操令人在曹丕府门暗中观察。曹丕有些惊慌失措,吴质说:"不要担心,将计就计,次日用大簏装绢再进府来迷惑他们。"次日使者搜看簏中是绢布,于是回报曹操。曹操因此怀疑杨修谮害曹丕。另外,曹操令曹丕、曹植各出城门,却暗中吩咐门吏不要放出。曹丕先到,门吏阻拦只得无奈返回。曹植听到后问杨修该如何是好? 杨修说:"你是奉命而出,如有阻挡者,直接杀掉。"门吏阻拦时,曹植训斥道:"我奉王命,谁敢阻挡!"他立即斩杀这个门卫,曹操因此认为曹植更有决断,后有人告诉说这是杨修所教,曹操大怒。杨修又曾经为曹植作答教十余条,让曹植据此回答曹操询问。曹操每次拿军国之事问曹植,曹植往往都对答如流。曹操怀疑,后曹丕暗中买通曹植的左右,将真相告知曹操,曹操大怒说:"匹夫竟敢来欺骗我!"后曹操写信给杨彪提醒要注意点拨杨修:"你的这个儿子,想法经常与我相左,使我忧虑。"可惜杨彪并没有引起足够重视。杨修最终被曹操以"前后漏泄言教,交关诸侯"罪名杀掉,临死叹息:"我本来就知道命已如此,现在才死已经算很晚了。"

　　杨修被杀后,有一天曹操碰到杨彪,问道:"杨公为什么瘦成这样?"杨彪回答说："愧无日䃅先见之明，犹怀老牛舐犊之爱。"金日䃅的儿子为汉武帝所喜欢，有一天金日䃅遇见儿子在殿里同宫女戏耍，他怕将来连累自己，便把儿子杀死了。

建安二十二年十月，曹操正式立曹丕为太子。曹丕被立为太子后得意忘形，甚至搂着辛毗的脖子说："我好高兴！"辛毗不禁对曹丕此举感到愕然。事后辛毗将曹丕的言行告诉女儿宪英，当时年已二十多岁的宪英便感叹地说："太子是代替君王主理宗庙社稷的人物，代君王行事应怀着忧虑、戒惧之心，被立太子竟然得意忘形，魏国怎么能长远昌盛？"

建安二十四年（219年），曹仁被关羽围困，曹操派曹植为南中郎将行征虏将军，前往救援曹仁，曹植大醉，曹操极度失望。同在这一年，曹操远征汉中，留曹丕守邺城。西曹掾魏讽勾结长乐宫卫尉陈祎谋袭邺，曹丕当机立断，诛杀魏讽及其党羽，平息叛乱，保证了邺城安全，也为曹操西征解除了后顾之忧。

曹植虽然才华横溢，但是文人性格明显，随心所欲，而曹丕年长，性格稳重，做事深思熟虑，曹操经过长时间的观察和反复权衡考量，最终选择了曹丕作为王位继承人。事实证明，曹操所选继承人对于魏国的延续是非常有利的。

第七章　英雄暮年

一、征吴无果，遂伐张鲁

赤壁之战后，曹操令阮瑀作《为曹公作书与孙权》，对孙权进行安抚，暂时稳住了孙权。建安十八年正月，曹操经合肥、东关进军濡须口，攻破孙权江西大营，活捉了督都公孙阳。孙权亲率精兵七万抵抗曹操。两军相峙一个多月，曹操见不能速胜，就引军回到了老家谯郡休整。临别故乡之时，曹植作《归思赋》以寄哀思："将要离开故乡涉足远方，经过以前旧居，感慨城邑空虚、草木荒芜。"四月，曹操回到邺城。

建安十九年，孙权攻破皖城（今安徽潜山），庐江太守朱光被擒。曹操准备南征东吴，却正值雨季，三军将士大部分都不愿意进军，有人来劝谏，曹操下令处死进谏者。贾逵与三位主簿同僚执意进谏，曹操大怒，将其投入下狱。狱吏因为他是丞相主簿不敢上枷锁，贾逵就对狱吏说："赶快给我上枷锁，过一段时间丞相会遣人来视察。"后来曹操果真派人到狱中探视贾逵，认为贾逵无恶意，才恢复了贾逵的职位。

此时刘备已取得益州，汉中是益州门户，"若无汉中，则无蜀矣"。建安二十年三月,曹操抢先一步,率十万大军亲征汉中张鲁。曹操命杜畿从河东调拨五千民夫运粮。由于杜畿爱民,民夫在路上自相劝勉:"人总有一死,我们可不能辜负了府君呀!"在千里运粮、艰苦转战中,五千民夫没有一人逃亡。曹操因此表彰杜畿:"过去萧何平定关中、寇恂平定河内,您有他们那样的功劳,本想授予您其他重要职位。但是考虑到河东郡是我股肱要地,占据那里就足能控制全国,所以还要麻烦您去那里坐镇。"

　　曹操西征张鲁前夕,让护军薛悌给驻守合肥的张辽送去一封信,并告诉薛悌,让张辽在孙权前来进攻时再打开来看。不久,东吴孙权果然率领十万大军进围合肥。张辽与诸将打开信,信中说:"若孙权军来到,张、李将军出战,乐将军守护军营,不得与战。"张辽募集敢于死战的精锐将士八百人,杀牛让将士饱食,准备次日大战。天没亮,张辽披甲持戟,率先冲入孙权营垒,直至孙权麾旗之下。孙权大惊溃败。

　　张辽见敌军退避,引诱孙权下来对战,孙权不敢轻举妄动。孙权发现张辽所率领的士兵非常少,于是聚拢士兵将张辽包围。张辽在吴军阵营中左冲右突,率领部下数十人突出重围,但阵中仍然有没有突围出来的将士,他们向张辽大声喊道:"将军难道舍弃我们了吗?"张辽再次杀入重围,救出被围困的众人。孙权人马望风披靡,无人能抵挡张辽,江东名将陈武也在此战中被击杀。战斗从早晨一直持续到中午,吴军被张辽所震慑,不敢前进。张辽带兵回城修整,曹军将士都对张辽十分佩服。孙权攻打合肥十余日,始终攻不下来,于是退师还军。曹操听说后对张辽的表现大加赞许,拜张辽为征东将军。

曹操到达长安,打算亲自带兵征蜀,刘廙上疏说:"圣人不以己睿智而轻视布衣,他们往往能以近察远、不耻下问。乐毅能够以弱小的燕国打败强大的齐国,却不能攻下即墨,原因在于真正的强者貌似弱实际上却坚不可摧,自溃者虽貌似强大却必然一败涂地。自从您起兵以来三十余年,打败强敌无数。如今面对吴国和蜀国,孙、刘联盟比不上袁绍当时的基业,然而袁绍最终灭亡,孙、刘依旧存在,并非我们力不如前,只是因为形势转换罢了。因此,当年周文王攻打崇侯虎三次没攻下来,于是就退归原地修身养性,最后终于还是把崇侯虎制服了。当初秦国战无不胜,等统一天下后,百姓一呼,秦国二世而亡。这是对外施用强力、对内不爱护百姓的结果。臣下担心吴、蜀力量虽不比六国,但有出类拔萃的人才。当今之计不如选择要害之地据而守之,潜心谋划安邦治国之大计,鼓励农桑,厉行节约,十年集聚,就一定会国泰民安。"曹操不听,对刘廙说:"不但当君主的应了解臣子,做臣子的也应了解君主。如今你想要让我坐在这儿,空行所谓德政,恐怕是看错人了!"曹操显然意识到自己年事已高,再不抓住机会就完不成消灭刘备、孙权,统一天下的目标了。

　　年将已暮而统一大业难以实现的紧迫感,使曹操产生忧虑和孤独。曹操自陈仓到达散关,作《秋胡行》:

> 晨上散关山,此道当何难!
> 牛顿不起,车堕谷间。
> 坐磐石之上,弹五弦之琴。
> 作为清角韵,意中迷烦。
> 歌以言志,晨上散关山。
> 有何三老公,卒来在我旁。

负掮被裘,似非恒人。

谓卿云何困苦以自怨?

徨徨所欲,来到此间?

歌以言志,有何三老公。

我居昆仑山,所谓者真人。

道深有可得,名山历观。

遨游八极,枕石漱流饮泉。

沈吟不决,遂上升天。

歌以言志,我居昆仑山。

去去不可追,长恨相牵攀。

夜夜安得寐,惆怅以自怜。

正而不谲,辞赋依因。

经传所过,西来所传。

歌以言志,去去不可追。

这首诗歌全面反映了作为文学家曹操暮年悲伤的感情。

曹操率领十万大军逼近张鲁,张鲁想要交出汉中投降,其弟张卫不同意,率领数万兵马在阳平关内拒守。曹操攻破阳平关,进入蜀中,张鲁闻讯,再次想降。谋士阎圃献计说:"现在去谒见,肯定得不到重用。不如先让朴胡(东汉末年巴郡七姓夷王)去抵抗,然后再向他献礼称臣,这样才会得到曹公的重视。"于是张鲁带着部队前往巴中,临行前左右的人想将仓库全部焚毁,张鲁说:"我已有归顺朝廷之心,只是还没能让曹公知晓。如今离开不过是避其锋芒,宝货仓库应归国家所有。"于是张鲁妥善安排后才离去。曹操对张鲁的行为深加赞许,既然张鲁有归顺之意,于是派人前去慰问。曹军抵达陈仓县，氐族人挡道，曹操派张郃、朱灵等人击败他们。曹操大军进入南郑县，张鲁府库中的珍宝全被缴获，巴郡、汉中郡全部投降。张鲁逃到巴中时，刘备接受黄权的意见，以黄权为护军率部准备迎接，而阎圃劝张鲁："要么归附曹操，要么就西结刘备。"张鲁道："宁为曹公附属，不为刘备座上客！"

建安二十年十一月，张鲁从巴中率残部来降，曹操封张鲁及其五个儿子为列侯。十二月，曹操自南郑回来，留夏侯渊、张郃等镇守汉中。张郃别督诸军南下进攻巴西郡，想迁徙当地百姓到汉中，刘备派征房将军张飞领万余精兵为巴西郡太守，抗击张郃。张郃军进至宕渠，与张飞相拒五十余日，张飞率精兵万余人从小道进攻张郃。由于山道狭窄，曹军首尾不能相救，张郃军大败，仅带十余人逃回汉中。

建安二十二年春，曹操再次南征，率军攻打濡须口，击败孙权。孙权派都尉徐详求降，曹操同意，允诺重新结为姻亲。曹操留夏侯惇留守居巢，防卫孙权，并赐予能歌善舞的乐伎艺伎，他下令道："魏绛凭着与戎修好的功劳尚且能够享受钟磬之乐，何况将军您呢！"自己带兵返回。

曹操离开汉中后，刘备开始向汉中发动进攻。建安二十三年（218年），刘备率军进攻汉中，派遣吴兰、雷铜等夺取武都，结果二人被曹洪所杀。七月，曹操亲率大军赶往关中，坐镇长安，指挥汉中战斗，曹休被任命为骑都尉，与议郎辛毗一起担任主帅曹洪的参军。曹操在出征前对曹休说："你名为参军，但其实就是这支军队的主帅。"曹洪得知后，也把军中事务委托给曹休负责。当时刘备遣张飞声称要切断曹军的后路。曹休说："刘备的军队如果真要切断我军后路，就应暗中设伏。如今却先虚张声势，说明这只是疑兵之计。我军应该乘敌人尚未在下辨集结大军之时，尽快击破吴兰。一旦吴兰被击败，张飞的疑兵就毫无意义了。"曹洪听从了他的建议，进兵击破吴兰，张飞其后果然退走。

刘备进攻汉中时，张郃负责防守广石（今属四川省眉山市仁寿县）。建安二十四年，刘备率精锐万余人夜袭张郃，张郃率军奋战反击，刘备要求益州发兵救援。诸葛亮迟疑不决，从事杨洪道："汉中乃益州门户，无须迟疑。"诸葛亮恍然大悟，立刻发兵增援。夏侯渊前来增援，刘备、黄忠突袭夏侯渊，夏侯渊战死。当刘备听闻夏侯渊被斩杀，只说："能败张郃就好了！"夏侯渊为刘备所杀后，曹军丧失统帅，将士失色，司马郭淮和督军杜袭收敛散卒，郭淮见状，便说："张将军是国家的名将，刘备也忌惮他。现在形势紧迫，只有张将军才能安定军心。"于是众人推举张郃出任主帅来指挥士兵，三军于是才稳定下来。

曹操亲率大军来争汉中，刘备听闻后说道："曹操亲自来也不会有什么作为！"并且坚壁不出。曹、刘相据数月，曹军奔走逃亡的越来越多，曹操担忧被刘备堵截，无可奈何传出军令"鸡肋"，撤军回到长安。撤退原因是曹操考虑到以汉中为据点、向蜀地推进的军事地理劣势：交通条件恶劣，军粮供应存在巨大压力。即使得到汉中，但是军粮问题始终无法解决。汉中浅窄，也很难发展成为粮食生产、供应基地。从关中补给粮草需要翻越秦岭，异常困难，因此大军以汉中为基地，继续纵深推进，是难以有所作为的。

刘备蜀国从此占有汉中，曹操在有生之年西并巴蜀的愿望就此落空。

起初，刘备袭击刘璋、夺取益州、占领巴中，年轻的司马懿就对曹操进言道："刘备以欺诈和武力入蜀，蜀人尚未归附。如果我们出兵到汉中展示军威，益州就会惊慌失措。我们应该乘机进军，刘备势必土崩瓦解。建功立业不能违逆天时，更不能丧失时机。"曹操说："人生的苦恼有时就是欲望太多，既然已经得到了陇西，为什么还想得到蜀川呢？"曹操没有听从司马懿的意见，放弃了平定巴蜀的最好机会。

　　当然从战略上，曹操是将关陇与汉中放在一起通盘考虑的。陇右与汉中两个地区不能兼得的情况下，将防线放在关陇才是最为明智的选择。曹军将防线收缩至关陇地区，军粮补给变得轻松，避免与蜀汉在汉中一地的兵力胶着，也就是摆脱了制于人的军事被动。曹操将汉中留给了蜀汉，也将"守战之力，力役参倍"的用兵之弊端和压力留给蜀汉。而且，曹军以关陇为防守基地，切断了汉中与陇右的联结，使汉中成为"孤绝"之地。蜀汉虽然占据了一定的地理优势，却同时承受了巨大的压迫与围困，不得不苦苦向陇西发展，追求突破。如此一来，曹魏方面就以据守关陇而调动了蜀汉在极为不利的条件下的连年北伐。曹操放弃汉中，据守关陇，实堪为"致人而不致于人"战略的杰出典范。

二、政权更迭铺垫者

　　建安二十三年春，金祎认为汉祚将移，非常忧心，他与太医令吉本、少府耿纪、司直韦晃准备联手杀掉曹操，拯救汉室。耿纪等人首先攻打、焚烧丞相长史王必的大营，金祎为内应，用箭射中王必的肩膀。王必一时搞不清袭击者，由于他认为金祎与他关系好，于是就跑着投奔金祎家。金祎家的人不知道是王必来了，还认为韦晃等人到了，就问："王长史已经被杀死了吧？"王必于是朝其他地方逃跑，十几天后，受伤而死。曹操大怒，杀韦晃等叛乱者三族，同时下令让所有的官员，救火的站在左边，不去救火的站在右边。大家都认为救火的肯定没事，于是大多数人站在左边。曹操下令把站在左边的全部杀死，其理由是救火者是真正的叛贼，因为不去救火才是不想添乱。这次叛乱使曹操深刻认识到，朝中维护大汉皇权的力量根深蒂固。

建安二十四年七月，曹操刚刚从汉中撤出，关羽就从荆州向襄、樊一带发动了进攻。关羽进攻樊城，曹操听说后立刻派大将于禁、庞德率兵往救。正值秋雨连绵，于禁督率的七军全被淹没，于禁同众将登上高坡，无处躲藏。关羽乘着大船靠近攻击，于禁只得投降。庞德同众将上堤躲水，关羽乘船进攻，庞德披甲持弓，箭无虚发。从清晨一直战到过午，关羽攻击更急。庞德对部下说："我听说良将不怕死，不苟且偷生，烈士不毁大节来求得活命。今天就是我战死的日子！"水势越来越大，庞德同部下乘小船欲回曹仁营中，船翻箭失，庞德被俘。庞德站立不跪，关羽对他说："您哥在汉中，我想拜您为将军，何不早降？"庞德骂关羽道："魏王威震天下，刘备不过庸才，我宁肯做汉朝的鬼，也不当贼人的将。"于是被杀。曹操听说后哀叹了很久，说："我了解于禁有三十年，哪想得到他临危反而不如庞德呢？"

关羽猛攻樊城，曹仁率数千名士兵据守樊城。关羽围城，城里粮食所剩无几。有人对曹仁说："趁关羽尚未大举进攻，应在夜里乘小船弃城而逃。虽失樊城,却可保住性命。"满宠说:"水来去迅速,听说关羽已派遣部下集结于郏县,关羽肯定怕背部受敌。如果现在弃城而逃,樊城不再属于我们。"曹仁说:"对!"满宠淹死白马,与军士盟誓,以激励士卒。此时荆州刺史胡修、南乡太守傅方皆投降关羽,关羽一时军威大振。面对如此形势,曹操没有以前那样面对困难的自信和豪情,他甚至打算迁离许都以避关羽的锋芒。司马懿和蒋济劝阻说:"于禁被水所淹不是战守上的失误,无碍大局。迁都即向敌人示弱,会使人心不稳。刘备、孙权外亲内疏,现在关羽坐大,孙权必定不悦。如果告诉孙权,让他牵制关羽,那么樊城之围自然就会得到解除。"

形势正如司马懿所料,此时孙权派遣使者来告诉曹操说:"我想要派兵向西,攻打江陵、公安两县,这样他对樊城的包围就会自行解除。请对此保密,不能让关羽有所准备。"曹操追问大臣该如何对应,大部分人都说应当保密。董昭说:"军事上瞬息万变,应表面上答应保密,但实际上把秘密泄露出去,以增强士卒抵抗关羽的信心。关羽如果听说孙权出兵,定会退兵,樊城之围就会自解。这样不但能解除我们的危机,而且还能造成吴、蜀互斗。如果保密不泄,围城中的将士就会产生恐惧情绪。可见,透露消息对我们有利。"曹操言听计从,于是命令前去救助曹仁的大将徐晃把孙权的来信射到关羽的军营,围城中的人知道了这个消息,斗志倍增。

徐晃率领的人马其实很少,而众将又催促徐晃尽快出兵救援。参军赵俨就对众将说:"如今关羽围困樊城,我军势单力薄,仓促出兵不利。目前不如进逼包围圈,暂不进攻,后至援军十天就会赶到。城内在这段时间内足以自守,然后我们里应外合发起攻击,敌寇一定会被打败。"曹操也派将军徐商、吕建等人去见徐晃，传令说："必须等兵马全部集中，再一起向前出击。"徐晃前进到距离敌人的包围圈三丈左右的地方停止前进，曹操派殷署、朱盖等人的部队到徐晃军营。

徐晃以声东击西战术迎战关羽。关羽亲率五千士兵出战，徐晃迎击，关羽退去，徐晃乘胜追击，大破敌军，蜀军很多人自投沔水而死。关羽逃走，解除了曹仁之困。曹操传令嘉奖徐晃，说："古代善用兵者没有长驱直入冲进敌人重围的。樊城之围，比起战国时的莒城、即墨的情况要严重得多。将军的功勋要超过孙武和司马穰苴。"曹操出城七里，迎接徐晃归来，并设宴为将士庆功，亲自举杯向徐晃劝酒、慰劳他。十月，曹操派曹彰镇守长安，准备任命一个留府长史辅佐曹彰，官员挑选的人大多不合适，曹操便下令说："放下杜袭这样的好马不骑，何必匆匆忙忙到别处去寻找？"遂任命杜袭为留府长史。

建安二十四年十二月，曹操率大军从长安回到洛阳。此时孙权写信向曹操称臣，并希望曹操顺应天命取代献帝。曹操把孙权的书信拿给众人看，笑着说："孙权这小子想把我放在火炉上烤呀！"陈群、桓阶、夏侯惇等人也都力劝曹操代汉，曹操深知此时未到时机，就意味深长地说了一句："诸位，如果天命在曹氏，我愿意做周文王呀。"对此宋代史学家司马光评价道："以魏武之暴戾强伉，其蓄无君之心久矣，乃至没身不敢废汉而自立，岂其志不欲哉？犹畏名义而自抑也。"曹操不是不想，而是不敢，他觉得当时人心归汉，他取代献帝的时机并不成熟。

建安二十五年（220 年），孙权打败关羽，并献上了关羽的首级，企图嫁祸曹操。曹操以诸侯的礼节厚葬了关羽，巧妙地化解了孙权的计谋。

三、政治家的智慧与普通人的温情

建安二十三年六月，暮年曹操开疆之心渐退，他颁布《终令》，在令中表达了仰慕西门豹为民务实的古风："古代丧葬一定要用贫瘠的土地，如今我把西门豹祠以西的高原地带划为我的墓地，按照原来地基高度，不培土加高，更不要在上面种树。"

建安二十五年，曹操回到洛阳后，自觉身体不适，病情日益加重，急招曹彰入见。曹彰还没赶到，正月二十三日，曹操就在洛阳去世，终年六十六岁。

曹操临死前发布的《遗令》，安排了自己的身后事：

> 我在夜里觉得有些不舒服，第二天喝点粥，出了点汗。我在军中执法严明，小的愤怒、大的过失，你们不应当效仿。天下还没安定，要学会应变，不能一味遵从古人。我有头疼症，起初戴头巾治疗。我死后，头巾也像活着的时候那样穿戴，一定别忘记了这件事。殿中的文武百官十五天后就可以停止哀悼，丧葬以后都要立即脱掉孝服。率领军队驻守边关的军官，都不能随意离开地方；官员们应该担当起各自的职责。我死后，你们把我葬在邺城城西的小山上，和西门豹的坟墓相靠近，不要陪葬金银、玉器、珠宝等。让婢妾和歌舞艺人住在铜雀台，好好安置她们。在铜雀台的正堂上要放一个六尺宽的床，挂上灵帐，早晚用食

曹操传

物供祭。每月的初一、十五两天，从早至午要向帐中歌舞奏乐。你们要时时登上铜雀台，看一眼我的墓地。我剩余下的香料，可分给诸位夫人，不要用它祭祀。无事可做，也可以学着制作鞋子卖，我做官得到的丝带、佩带都放到铜雀台里面。实在没法收藏处理的东西，你们一起分了它。

《遗令》对葬所、丧办细节、服丧要求、妻妾住处、如何谋生、遗物处理等一一做了交代。西晋的文学家陆机《吊魏武帝文》感叹，哲人伟人也有常人的情感，也有至死都无法舍弃的身外之物。曹操的最后遗言中，没有风云人物即将退出人生舞台的豪言壮语，更像是一个普通老者对后事的谆谆交代，温情、真切、自然。这和他叱咤风云的形象形成了强烈的反差。按照《遗令》所嘱，曹操被安葬于邺城西郊的高陵，谥曰武王。

结语：曹操的贡献

生当乱世的曹操，在政治上、军事上、经济上实施了一系列创造性的英明决策，最终结束了中原地区的战乱，稳定了北方，这是他杰出的贡献。

后代学者对曹操的批评集中于他的"不忠"——阴谋篡夺刘汉政权，今天，如果我们不再以封建忠君思想评价他，曹操篡逆的想法也不是不可以理解的：一个封建王朝朝政失措、民怨沸腾，失去了社会管理能力，改朝换代的"革命"也并非不合法或不道德。总之，曹操是一个改变历史、创造历史的盖世英雄，一个杰出的思想家和学者，也是一个开创文艺新时代的杰出文艺家，同时，也是一个率真、洒脱又精明、谲诈，具有伟大与渺小、崇高与世俗矛盾性格的人物。

斯人已逝，其音犹响。作为客观的历史个体，曹操给后世留下无尽的话题，让人思忖，启人智慧。曹操仿佛身居于历史的苍穹，饶有兴趣地俯视着后人，后来者则仰视着这位令人目眩的英雄豪杰，努力廓清他的真容，于是，在历史与现实的互动中，也就形成了对曹操多彩而立体的认识、判断与宣扬……

后　记

　　曹操,是中国历史上争议最多的人物之一,也是社会各阶层共同关注的人物。古今学者撰写的曹操传记甚多,或偏于文学性,或侧重于历史性,各有短长。应安徽人民出版社之约,我们编写了这本曹操传记,我们力求叙事有史料依据,不做过多的评论,用朴实的文笔,以尽量客观呈现曹操在波诡云谲的时代风云中不平凡的经历。安徽大学吴怀东教授负责设计本书的立意和架构,亳州学院赵立春副教授撰写文字。由于编写者水平有限,错误在所难免,敬请学界不吝赐教。

作　者

2018 年 12 月 6 日

后
记